그날, 슬프지 않았다

그날, 슬프지 않았다

최화경 수필집

수필과비평사

구순을 맞으신 친정어머니께 이 책을 바친다.

■ 작가의 말

좋아하는 작가의 새로운 작품, 보고 싶은 감독의 새 영화, 혹은 듣고 싶은 가수의 신곡을 기다리는 일은 그리움과도 같다.

때론 목마르고 멀어서 지치기도 하지만 끝없는 상상과 기대로 달콤하게 부푼다.

통증을 수반한 그리움이 아니어서 그나마 견딜 만하다.

이런 기다림은 절정 이전의 단계처럼 아득히 설렌다.

네 번째 수필집 《그날, 슬프지 않았다》 이 책도 누군가에게 아득한 설렘이 되길 바란다.

끝끝내 계면조로 불려질 내 문학의 안쓰러움에 또다시 목이 메인다.

2022년 가을.

최화경 쓰다.

■ 차례

■ 작가의 말

1. 봄의 이름으로

봄의 이름으로 · 14
손수건 · 18
세 개의 책상 · 22
그날, 슬프지 않았다 · 26
미역국, 그 위안의 힘 · 32
꽃병 · 37
날마다 월요일 · 41

2. 꽃잎 묻은 개구리

48 · 그리운 여우

54 · 축제

59 · 꽃잎 묻은 개구리

63 · 사라진, 무너진

68 · 에스프레소 허영

72 · 청소기는 죄가 없다

77 · 나는 백조다

3. 친정 엄마 백 번 만나기

엄마의 봄 · 82
앵란을 위하여 · 87
보석과 명품 · 92
고급남 · 97
양화대교 · 101
친정엄마 백 번 만나기 · 106
향원 언니 · 112

4. 미나리 그리고 미나리

118 · 보고 싶습니다
122 · 인디안 섬머
126 · 미나리 그리고 미나리
131 · 요양원 블루스
136 · 강릉 매화
141 · 완주에 빠지다
146 · 냉면 그리고 비둘기
151 · 갈 수 없는 땅

5. 세상의 온도

함박눈 김치 · 156

진혼곡 혹은 쑥대머리 · 162

맞잡아야 아름답다 · 167

시든 꽃 · 172

세상의 온도 · 176

우울한 스승의 날 · 181

화양연화 · 186

■ 해설 | 사라지지 않는 위안의 힘 - 김영(시인, 전북문학관장) · 190

1.
봄의 이름으로

봄의 이름으로 / 손수건 / 세 개의 책상 / 그날, 슬프지 않았다
미역국, 그 위안의 힘 / 꽃병 / 날마다 월요일

봄의 이름으로

코로나19는 나에게 여러 가지를 포기하게 했다. 마스크를 쓴다는 핑계로 화장을 하지 않고 외출하는 일은 이미 놀라운 일도 아니다. 평소 화사함을 강조하며 꼼꼼하게 화장하고, 맨얼굴은 내 생전에 누구도 못 볼 거라고 생각했었는데 충격적이게도 한 달 넘게 거의 맨얼굴에 마스크를 쓰고 다녔다. 즐겨 쓰던 선글라스도 절대로 쓰지 않았다. 마스크와 선글라스는 뭔가 음모의 분위기가 짙어서인지 아무리 햇빛이 괴로워도 쓰고 싶지 않았다. 때때로 마스크를 꼭 벗어야 할 때 너무도 민망해서 민낯의 치명적 실수를 뼈저리게 후회할 때도 있었다. 그러나 마스크에 뭉개진 화장한 얼굴을 보이는 것보다 나을 듯해 굳세게 그냥 다녔다.

마스크를 쓰기 시작할 때 난 귀걸이를 빼버렸다. 귀걸이는 내 문신과도 같은 존재였는데 마스크 끈에 걸리적대는 귀걸이가 어느 날부턴가 지독한 허영처럼 느껴졌다. 그러나 포기할 수 없는건 역시 반지였다. 반지는 저 혼자 빛났고 수수한 손가락에서 자존심인 양 도도했다. 내가 가진 반지를 다 꺼내놓고 난 매일 반지를 바꿔 꼈다. 모든 것이 무채색인 양 밋밋한데 반지만은 톡톡 튀는 기분을 갖게 했다. 현란한 세팅과 야단스러운 모양의 반지들은 코로나에 갇힌 우울하고 지루한 시간을 보상해 주는 듯 후련하고 당당했다.

우아함과 고급함이 무엇인지 보여주는 수필을 쓰는 송 선생님이 단톡방에 동영상을 올렸다. 같은 노래, 다른 맛이란 제목으로 〈봄날은 간다〉란 노래를 11명의 가수가 부른 동영상이었다.

봄날은 간다~.

끊어질 듯 이어지는 장사익, 목소리가 운명을 만든 듯 애달프게 요절한 김정호, 블루지한 감성의 한영애, 한의 목소리가 무엇인지 말해주는 최백호, 녹아드는 심수봉, 야속한 조용필….

흠뻑 젖어 듣다 보니 꽃잎 한 장 못 보고 이대로 봄이 다 가버릴 것 같아 아쉽고 막막했다. 환장할 것 같은 마음에 부서져라 문을 닫고 집을 나왔다. 뭐라도 봄의 모습을 봐야 할 것 같은 절박함 때문이었을 것이다.

오! 수선화.

아파트 화단에 노란 수선화가 누군가를 그립게 하는 몸짓으로 아련하게 서 있었다. 너도 사람이 그리웠구나. 천천히 고개를 들어 주변을 살펴보니 등불 같은 목련이 시린 하늘을 배경으로 조용히 흔들리고 있었다. 벌써 져버린 듯 빛이 바랜 산수

유 꽃이 바람 끝에서 적막했다. 햇빛 속에서 너무 붉은 명자꽃이 서럽고 한스럽게 진저리를 치고 있었다. 그 진저리 속에 노오란 봄볕이 자글거렸다. 누구도 만날 수 없던 속수무책의 시간 속에서 기약할 수 없는 답답함에 조급하더니 봄꽃 몇 송이 보고 나니 수묵처럼 담담해진다. 다시 견딜 수 있는 기운이 생기는 듯 단단하게 주먹이 쥐어졌다. 봄날은 아직 가지 않았다. 아니, 이번 봄은 그리 쉽게 가지 않을 것 같다.

"꽃잎 한 장 떨어져도/ 봄볕이 줄 거를/ 수만 꽃잎 흩날리니/ 이 슬픔 어이 견디리"

두보의 시구가 아니라도 이 봄, 참으로 애달프다.

오라! 코로나19여. 우리는 너를 반드시 그리고 확실하게 넘어서고 말 것이다. 이 찬란한 봄의 이름으로.

손수건

내 핸드백은 언제나 여행 가방 수준이다. 크기로 보나 무게로 보나 1박 2일 정도는 충분할 것 같은 모양새를 갖추고 내 팔에 걸린다. 어느 날 그 묵직함에 놀라 황급히 내용물을 확인해 본다. 파우치, 마스크, 약봉지, 수첩, 지갑, 장바구니, 선글라스, 손수건, 여행용 티슈 그리고 물티슈까지 손수건 용도가 세 가지나 된다. 손수건은 반듯하게 접혀 펼친 흔적이 없다. 손쉽게 쓰고 버리는 티슈와 물휴지 때문에 손수건은 그냥 접힌 채 구겨져 있다. 휴지를 빼고 손수건만 넣고 다니면 훨씬 가벼울 텐데 하면서도 결국 세 가지를 다 넣고 만다.

손수건 얘기를 하다 보니 〈인턴〉이란 영화가 생각난다. 잘생

졌던 '로버트 드니로'가 늙었다는 걸 확실하게 보여주는 영화이기도 했지만 늙어서도 역시 로버트 드니로라는 생각이 드는 영화였다. 얼굴의 사마귀가 아니었다면 '로버트 드니로'를 못 알아볼 정도로 주름진 얼굴이었다. 물론 칠십 노인 분장 탓도 있었겠지만.

영화 속에서 그는 우는 사람을 향해 정갈하게 접은 손수건을 내민다. 그게 여자든 남자든 상관없다. 그리고 이렇게 말한다. "남자가 손수건 용도를 모르면 범죄다." "손수건은 빌려주기 위해서 가지고 다니는 거야." 그럴듯하기도 했다. 하지만 언제부턴가 손수건 없이도 불편하지 않은 세월이 있었다. 아마도 휴대용 티슈가 나온 후가 아닌가 싶다.

손수건은 이별의 상징보다 연애의 계기가 되는 게 더 많았던 것 같기도 하다. 누군가 울고 있을 때 다정하게 내밀었다가 돌려받는 과정에서 사랑이 시작되곤 했으니 말이다. 그리고 이별의 순간 손수건은 꼭 정표로 남아 있었던 것 같다. 꼼꼼히 다려 네모 반듯하게 접어 출근길 남편에게 건네던 손수건은 이제 추억의 한 장이 되어버린 듯 아득하다.

내가 손수건을 꼭 가지고 다니는 건 구원의 물건쯤 되기 때문이다. 손수건은 위기의 순간을 잘 넘기게 한다. 뭔가를 쏟았을 때 황급히 닦을 수 있고 노출의 곤란함이 있을 땐 민망함을 덮을 수 있어 요긴하다. 별안간 쏟아지는 눈물이나 콧물을 닦고 재채기의 순간을 막을 수 있는 요술 같은 존재다. 모든 갑작스러움에 손수건을 들고 있으면 든든하고, 타당성 있어 보이고, 민망하지 않으니 말이다. 손수건은 가볍고 작은 존재이지만 항상 커다란 역할을 해내는 듯하다. 살면서 누군가에게 손수건 같이 요긴하고 고마운 존재가 되어 본 적이 있었던가. 다급한 사람의 상처를 싸매주고 어려움에 처한 사람의 위급한 상황을 알리기 위해 간절하게 손수건을 흔들어 본 적이 있는

가. 항상 나의 안전에 안도하고 남의 고통에 무심했던 나의 이기심이 손수건 앞에서 부끄러웠다면 너무 과장된 표현일까? 영화 속 대사처럼 "손수건은 빌려주기 위해서 가지고 다닌다."라는 것도 어찌 보면 누군가의 고통과 위급함을 그냥 지나치지 말라는 얘기인지도 모르겠다. 이제라도 반듯하게 접은 손수건을 한 열 장쯤 가지고 다니면 내 무심한 마음이 좀 푸근해지지 않을까?

세 개의 책상

내 의지와 상관없이 끌려가던 삶의 시간이 있었다. 그런 시간은 항상 뭔가 결핍으로 이어지기 마련이다. 좁은 아파트에서 서재 없이 적지 않은 세월을 살았다. 딸 방에 책장도 없이 상자에 책을 담아 쌓아놓고 살던 나날들은 참으로 삭막했다. TV 소리, 욕실의 물소리, 그릇 부딪히는 소리 같은 잡다한 소음에 시달리며 식탁에서 글을 쓰고 책을 읽던 날들은 우울하고 우울했다. 서재가 있었으면 하는 마음이 간절해 더욱 그랬을 것이다. 아니, 내 책상이 있었으면 하는 마음이 더 컸는지도 모른다. 천착하지 못하고 깊어지지 않는 사유가 모두 서재가 없어서인 것처럼 서재 없음을 절망했다. 서재만 있으면 무엇이든 해낼 것처럼 허세를 부렸고, 글의 진척을 못 보면 서재가 없어 조용해질 수 없는 주변을 원망했다. 나의 서재에 대한 열망은 독일식 책상과 베드 트레이로 이어진다. 독일식 책상을 사서 멋을 부려보기도 했지만, 공간을 많이 차지하는 건 독일식 책상도 만만치 않았다. 불편하다는 이유로 쓰는 날보다 뚜껑을 닫아두는 일이 더 많았다. 식탁이 산만해지는 날이면 침대에서 베드 트레이를 놓고 글을 썼다. 결국, 커피 마시기도 불편하고 글을 쓰기에는 더욱 불편한 베드 트레이는 나의 허영을 보는 듯 진저리가 나서 어디론가 치워버렸다. 지금은 어디에 있는지 기억조차 나지 않는다.

넓은 집으로 이사하게 됐을 때, 제일 크고 전망 좋은 방에 서재를 두었다. 그리고 세 개의 책상을 샀다. 딸의 방도 여러 개의 책장과 책상으로 서재처럼 꾸몄다. 안방엔 앤틱풍의 책상을 따로 놓았다. 무엇보다 방마다 책상이 있다는 게 뿌듯했다.

집이 좁아 책상이 하나밖에 없었을 때, 아니, 정확히 말해 컴퓨터가 한 대밖에 없었을 때, 난 새벽에서야 컴퓨터를 차지할 수 있었다. 그때의 난 언제나, 언제나 피곤했다.

서재가 생기고 처음 얼마 동안은 자다가도 일어나 주황색 스탠드 불빛 밑에서 책을 펴들곤 했다. 그러나 꼭 책상 앞이라고 몰입할 수 있는 건 아니었다. 책상 없이 살던 땐 집중할 수 없어 항상 불만스럽고 짜증이 났었다. 세 개의 책상을 방마다 들여놓고 어디서든 책상에 앉아 책을 빼들 수 있게 된 지금은 오히려 산만함이 느껴졌다. 읽던 책들이 여기저기 쌓여있어 마치 널브러져 있는 느낌이 많았다. 돌이켜 생각해보니 깊은 생각 끝에 쓴 글들은 대부분 식탁에서 쓴 글들이었다. 번듯한 서재를 가지고도 사유하지 못하는 조급함에 글다운 글을 못 쓰는 날이 많아졌다. 아니, 거의 글 한 편 못 쓰는 시간이 이어졌다. 난 다시 적당한 소음이 섞인 식탁에서 원고와 씨름했고 책도 주로 식탁에서 읽었다.

요즘엔 서재에 남편이 들락거리며 몰래 담배를 피우고 다른 채널의 TV도 보고, 게임도 하면서 서재에서 보내는 시간이 나보다 더 많아진 것 같다. 어느 날은 과일상자나 명절선물 상자들로 어수선할 때도 있다. 나의 서재는 남편이 차지해버려 남편의 오락실이 되어버린 듯 서먹하다. 그리고 그토록 간절했던 내 서재를 남의 서재 바라보듯 책장 앞에 오래 서 있는 버릇이 생겼다. 지금 생각해보니 세 개의 책상을 염원하던 때가 더 행복했던 것 같다. 오늘도 난 냉장고 소음과 똑딱이는 시계 소리를 견디며 식탁에서 글을 쓴다. 마치 서재가 없는 여자처럼. 그리고 꼭 서재가 아니어도 어디서든 진솔해지면 좋은 글이 나오지 않을까 생각해 본다.

그날, 슬프지 않았다

벨벳 언더그라운드가 부르는 〈페일 블루 아이즈〉란 노래를 들어보면 탬버린이란 악기가 얼마나 매혹적인 소리를 내는지 느낄 수 있다. 내가 아는 탬버린은 노래방에서 흥이나 돋우는 시끄러운 악기라는 것 정도였다. 사실 노래 못하는 내가 가장 잘 흔드는 악기이기도 하다. '찰찰이'라는 또 다른 이름의 그 명랑한 악기가 그렇게 슬픈 음을 낼 수 있다는 게 참으로 놀라웠다. 미세한 떨림 같기도 한 금속성의 소리가 노래 전편에 끊임없이 들리는데, 그 소리를 듣고 있으면 이건 노래가 아니라 그냥 슬픔 덩어리다. 영화 〈접속〉에서 이 노래를 처음 들었을 때 난 오랫동안 이 탬버린 소리에서 헤어날 수 없었다. 모든 소음이 멎은 늦은 밤 오디오에서 반짝이는 작은 불빛에 의지한 채 무릎에 얼굴을 묻고 이 노래를 듣곤 했는데, 노래 한 곡 전체가 슬픔이 되어 가슴에 다 녹아드는 듯한 탬버린 소리를 들으며 목이 메었던 기억이 난다.

얼마 전 그 탬버린 소리를 들었다. 영랑생가에서였다. 부끄럽게도 난 영랑에 대해서 많은 걸 알지 못한다. 그가 〈모란이 피기까지는〉이란 시를 썼다는 것밖에는…. 영랑생가를 둘러보는 내 귓가에 탬버린 소리가 떠나질 않았다. 그리고 내내 슬펐다. 잎도 꽃도 다 져버려 겨울나무처럼 헐벗은 모란도 슬펐고, 지금의 꼭 내 나이에 그가 세상을 떠났다는 사실도 슬펐다. 그 사람이 지금 이곳에 없기 때문인가? 생가 답사는 언제나 쓸쓸하다. 영랑의 시를 한 편도 기억할 수 없는 답답함을 억누르며 시비 앞에서 〈모란이 피기까지는〉을 읽다가 그의 등을 껴안듯 돌을 안아 봤다. 온기 없는 돌의 차가움에 그가 없음을, 아니 그가 아님을 다시 느끼며 허전했다. 이질감을 주며 미아처럼 서 있던 키 큰 종려나무가 우울해 보였던 건 내 안의 외로움 때문이었을까.

다산 기념관에서 영랑의 시집 몇 권을 샀다. 그를 만난 듯했다. 다산 초당으로 가는 숲속 어딘가에서 또다시 그 탬버린 소리가 들려왔다. 92개 돌계단을 오르면서 다산의 외로움과 쓸쓸함이 느껴져 힘이란 힘이 모두 빠졌다. 운동 부족과 시집의 무게 때문이라고 생각하기엔 버거움의 정도가 몸보다 가슴 쪽에서 더 느껴졌다. 천일각에 올라서 멀리 바다를 바라보니 탁 트인 시원함도 잠깐, 이곳에서 흑산도로 유배 간 둘째 형 약전을 그리며 마음을 달랬던 다산의 사무친 외로움과 그리움이 내 것인 양 아파왔다. 허청허청 산을 내려오면서 난 줄곧 생각했다. 모든 분야에 총 500여 권의 방대한 저술을 남긴 다산이 훌륭한 실학자이기 이전에, 늙지 않은 나이에 얼마나 고통스럽고 외로웠을까. 참담함으로 온전하기나 했을까. 18년을 견디다 보면 체념보다 분노가 더 많지 않았을까. 왜, 내겐 이다지도 다산의 고통만 보이는 걸까. 다산이 수맥을 잡아 만들었다는 약천에서 고인 물 한 모금을 마시고 나서 비애가 다소 사라진 듯하더니, 두충나무 숲을 지나오는데 울컥 설움 덩이 같은 게 다시 목에 걸린다.

이것은 2003년 가을, 영랑 생가와 다산 초당에 다녀와서 쓴 수필의 일부다. 무슨 까닭인지 그날 내내 슬펐고 그 후로 지독한 슬픔에서 헤어나지 못하다가 이 글을 썼던 기억이 난다. 지금 생각해 보면 그토록 슬펐던 게 가을 탓이 아니었나 싶다.

오월 중순, 16년 만에 영랑 생가에 다시 가게 됐다. 그날, 영랑 생가에서는 슬프진 않았다. 그리고 예전의 고즈넉함과 아련함도 없었다. 더구나 빗속에서 생가를 둘러봤음에도 우울함이나 먹먹함은 더욱 느끼지 못했다. 새로 조성된 모란 공원은 너무 밝고 화사해서 모든 게 부풀어 보이며 다소 과장돼 보이기까지 했다. 온실로 가는 길가에 붉게 피었던 작약이 너무 처연해서 오히려 꽃이 서러웠다.

백련사에서 다산과 초의 선사를 잠깐 생각하며 비에 젖은 동백나무를 배경으로 사진 몇 장을 찍었다. 차의 동산이란 호를 지었을 정도로 차를 좋아했던 다산茶山과 한국의 다성茶聖으로 불리는 초의 선사의 만남은 어쩌면 당연한 인연인지도 모르겠다. 초의 선사에게 그해 처음 내린 봄비로 먹을 갈아 편지를 써 보내 차를 청했던 추사도 백련사에서 만든 차를 마셨을 게 분명했다.

다산은 아내의 여섯 폭 치마 조각 위에 아들에게 보내는 아버지의 당부를 적었다. 그리고 매화와 새를 그린 〈매조도〉를 혼인하는 딸에게 주었다. 하피첩은 '노을빛 치마'로 만든 소책자이다. 다산박물관에서 하피첩을 바라보며 그 옛날 사람들의 사랑에 경의를 표했다. 모든 게 변할 수밖에 없는 세상에서 변하지 않는 것, 아니, 변해서는 안 되는 것은 역시 사랑인 듯했다. 다산 부부의 사랑은 견딜 수 없는 것을 견디는 간절함으로 가슴 절절했다. 노을빛 치마의 애틋한 사랑 이야기는 16년 전 다산의 슬픔만 보여 고통스럽던 가슴을 치유하는 묘약인 듯 무거움이 사라졌다. 이번 강진에 다녀와서 내가 자주 듣는 노래는 〈페일 블루 아이즈〉가 아니라 '누룽지 데이'가 부른 〈하피첩 송〉이다.

미역국, 그 위안의 힘

혼자 밥 먹는 날이 많아졌다. 남편도 가끔 집을 비우면 혼자를 핑계로 간편한 마른반찬 위주로 밥을 먹는다. 개운하지도 않고 든든하지도 않다. 허한 느낌마저 든다. 푸근하면서 헛헛한 속을 꽉 채워 줄 국물 음식이 간절했다. 그럴 때 난 미역국을 한 솥 끓인다. 소고기를 참기름에 무쳐 센 불에 볶다가 야들야들하게 불린 미역을 듬뿍 넣고 마늘 양념해서 푹 끓여 내면 며칠은 반찬 걱정 없이 밥을 먹을 수 있다. 때때로 압력솥의 그 끈적이는 밥이 싫어 고슬고슬한 즉석 밥을 사다가 미역국에 말아 먹는다. 그야말로 고깃국에 흰 쌀밥을 말아먹는 것이다. 건강과 상관없이 흰 쌀밥이 최고였던 옛날을 그리워하며.

나는 미역국을 좋아한다. 아니 좋아하는 정도가 아니라 미역국 메뉴만 봐도 뼈마디가 노곤해지고 온몸에 쥐가 난 듯 전율이 인다. 그도 그럴 것이 첫애를 낳고 이런저런 이유로 미역국을 오래 못 먹었다. 그나마 병원에서 이틀 동안 먹었던 미역국이 너무 맛있어서 그 맛에 위안을 삼을 뿐이었다. 그즈음 내 소원은 춥지도 덥지도 않은 계절에 둘째를 낳고 일곱이레 갈 때까지 미역국을 실컷 먹어보는 것이었다. 그러나 끝내 둘째를 가지지 못했고 애 낳고 49일 동안 먹고 싶었던 미역국을 결국 못 먹고 말았다. 미역국을 먹으면 첫애 낳고 아프던 뼈마디가 다 나을 것 같았다. 그 아쉬움 탓인지 미역국만 보면 그때가 생각난 듯 온 관절들이 쑤셔온다. 그럴 때마다 산모처럼 땀을 뻘뻘 흘리며 욕심 사납게 미역국을 먹곤 한다.

딸이 서울로 취직이 됐다. 다시 각박한 객지살이가 시작된 것이다. 스무 살이 되기 전부터 오륙 년을 집을 떠나 있었다.

그동안 인스턴트식품과 편의점 음식에 중독돼 심각했던 적도 있어서 다시 먹는 것 때문에 걱정이 된다. 1인 세대는 굶어서 죽는 게 아니라 인스턴트에 죽는다는 말도 있다. 집에 있을 때도 끼니를 햄버거로 때우고 노상 편의점을 들락거렸다. 딸은 요리에 관심이 많고 사실 요리를 좀 하는 편이다. 작은 오피스텔에 주방기구를 사 나르는 걸 보니 밥 굶고 다닐 생각은 없는 것 같아 다행이다 싶었다.

집 정리해 주고 내려오던 마지막 날, 소고기를 넉넉히 넣고 미역국을 한가득 끓였다. 미역의 신선한 향이 소고기의 지리한 맛을 뛰어넘어 시원하기까지 했다. 기운 없을 때 먹으라고 작은 지퍼백에 나눠 담아 냉동실에 넣었다. 엄마의 포원을 아는 듯, 딸은 소고기미역국을 좋아하고 잘 먹는다. 그래서 기운 낼 일이 있으면 소고기미역국을 끓여 응원하고 위로한다. 얼마 전에는 면접을 계속 보게 돼서 용기 내라는 의미로 미역국을 끓였다. 맙소사! 면접도 시험의 연장인데 그걸 생각지 못하고 미역국을 먹고 면접을 보러 갔던 것이다. 노심초사하며 결과를 기다릴 때 잠깐 미역국이 원망스러웠다. 그러나 다행히도 원하는 회사에 합격했다. 미역국으로 저녁을 먹으면서 매끈한 미역처럼 모든 게 순조로워 딸의 직장 생활이 순탄하길 기원했다. 그리고 크게 웃으며 국 대접에 건배했다.

버스에서 내리니 새벽 한 시가 다 됐다. 마음이 급했다. 내일이 남편 생일인 게 이제야 생각난 것이다. 남편은 소고기미역국을 싫어한다. 아니 아예 안 먹는다. 삼 일 넘게 집을 비웠으니 마땅한 해산물이 없었다. 24시 마트로 가서 전복을 샀다. 옷도 제대로 못 벗고 전복을 손질해서 미역국을 끓였다. 국간장으로 맛을 내니 전복 미역국은 진하면서 깊은 맛이 났다. 먹으면 힘이 날 것 같았다. 안심이었다. 하루에 두 번, 두 가지 재료로 미역국을 끓여보긴 처음이었다. 어쨌든 둘 다 위안을 주는 미역국인 건 틀림없는 것 같았다. 그러나 다 함께 먹을 수 없다는 게 서글펐다.

꽃병

내게 크리스털 꽃병이 하나 있다. 결혼 선물로 받은, 30년이 넘은 꽃병이다. 현란한 커팅, 밝고 투명한 빛깔, 기분 좋은 무게, 잘록한 허리가 있어 손아귀에 쏘옥 들어오는 적당한 크기의 꽃병은 크리스털이 가진 매력을 모두 지니고 있다.

결혼 초엔 꽃병에 꽃이 없다는 걸 상상할 수 없는 일상이 이어졌다. 그러나 삶은 내 의지와 상관없이 끌려가는 것이었을까. 언제부턴가 꽃병에 꽃을 꽂는 일이 사치스럽게 느껴지기 시작했다. 생활에 쫓겨 집을 비우며 세상의 바다로 나가게 됐을 때, 손님을 맞으며 꽃을 장식했던 꽃병이 비어 있는 날이 점점 많아졌다. 이른 봄 노란 프리지어를 크리스털 꽃병에 가득 꽂아

놓고 그 찬란함을 보고 있노라면 봄의 의식인 듯 마음까지 화사했었다. 일 년 내내 꽃병이 비어 있었어도 이 프리지어 의식을 치르고 나면 우울함이 사라졌다. 어느 날인가 꽃병을 꼼꼼히 씻어 그릇장 속에 깊숙이 넣어 버렸다. 꽃을 꽂는 날이 거의 없었다. 참으로 푸석하고 삭막한 시간의 연속이었다.

몇 년째 꽃병은 그릇장에 그대로 있었다. 식구들이 각자의 일에 쫓겨 외지로 나가게 되고 나 홀로 남게 되자 꽃은 고사하고 끼니 챙기기도 귀찮아졌다. 집안이 북적일 땐 혼자 있지 못함에 발작할 것 같더니 적당한 소음이 간절해졌다. 코로나 블루, 코로나 레드, 코로나 블랙. 각자의 색깔로 코로나를 견디고 있는 봄이 벌써 두 번째다. 작년엔 블루 같더니 올해는 레드쯤 되는지 때때로 이 상황이 분노로 표현된다.

어느 날 병원에 다녀오다가 길 건너에 있는 로컬 푸드에 들렀다. 봄이 거기에 다 모여있었다. 쑥, 냉이, 두릅, 곰취, 쑥떡 나는 봄을 움켜쥐듯 이것들을 바구니에 정신없이 담았다. 봄을 한 바구니 들고 돌아서는데 노란 프리지어가 가득 담긴 양동이가 눈에 띄었다. 갑자기 그릇장 깊숙이 넣어둔 크리스털 꽃병이 생각났고 그동안 잊고 있었던 프리지어 의식도 그리웠다. '그래, 꽃병도 숨을 쉬어야지.' 프리지어 꽃다발을 급히 집어 들었다.

크리스털 꽃병은 노란 프리지어를 가득 담고 언제 갇혀 있었냐는 듯 다시 찬란했다. 꽃병의 잘록한 허리가 너무도 유연해서 잠시 가여워했던 게 민망하기까지 했다. 꽃병에 꽃이 꽂혀 있었을 땐 즐거움과 기쁨이 꽃병에 다 담겨있는 듯 충만했었다. 꽃병이 비어 있거나 시든 꽃이 꽂혀 있을 땐 쓸쓸하고 우울해서 항상 불행하다고 느꼈다. 그러나 꽃이 있어 반드시 행복했던 것도 아니었던 것 같고 꽃병을 그릇장에 넣어 놨다고 불행한 것도 아닌 걸 보면 모든 게 마음먹기에 달린 것 같다.

꼭 꽃병의 꽃이 아니라도 우리가 꽃으로 피어난다면 아니, 내가 꽃이 되어 산다면 훨씬 희망적일 것 같다. 시든 꽃 바라볼 일도 없고 빈 꽃병에 가슴 아플 일도 없을 테니 삶이 한결 단순해지지 않을까. 생각해 보면, 단순해진다는 건 다 내려놓는 것, 혹은 야단스럽지 않다는 것, 때때로 허영에 빠지지 않는 일인지도 모른다. 내가 꽃병의 꽃에 그토록 집착했던 건, 어쩌면 꽃이 있는 삶에 대한 허영이 아니었나 싶다. 결핍이 많은 삶을 꽃이 보상해 줄 거라는 가엾은 생각 같은 것 말이다. 아, 마음의 꽃을 피우는 것은 얼마나 행복한 일인가.

날마다 월요일

그즈막 난 좀 쉬고 싶다는 생각으로 항상 억울했다. 훌쩍 떠난다는 것, 평생 나에겐 이 말이 가당치 않았다. 애초에 내겐 9 to 5라는 삶이 없었고 휴일의 개념도 없었던 터라 모든 것을 접어두고 훌쩍 어디론가 떠나는 건 요원한 일처럼 느껴졌다.

코로나로 확진되던 날, 놀랍지도 않았다. 주변이든 지인이든 하물며 방송인, 연예인 확진자들이 재택치료를 마치고 돌아오면, 잘 쉬었다, 너무 오랜만에 푹 쉬었다고 환하게 웃으며 말했기 때문이었는지도 모른다. 나도 오랜만에 잘 쉴 수 있겠구나, 그 생각으로 지독한 통증 같은 건 아무래도 좋았고 설레기까지 했다. 합법적으로, 그것도 내 의지와 상관없이 법이 날 가두고 있으니 핑계 대기도 좋겠다 싶었다. 며칠간의 심한 통증을 견디고 나니 일주일씩 쉰다는 걸 몸이 허락하지 않았다. 죽을 만큼 아프지 않으면 제대로 쉬어본 적 없는 내 몸이 먼저 알아보는 것 같았다. 매장 일도 걱정이었고 밀린 집안일도 스트레스였다. 식구들이 다 외지에 있어 나 혼자 재택치료를 할 수 있어 다행이었지만 그것마저 미안했다.

주말에 남편이 노란 과일이 좋다며 오렌지, 귤, 망고, 바나나가 든 바구니를 문 앞에 두고 벨 한 번 누르고 갔다. 마치 택배기사처럼. 딸은 하루에 두세 번 전화해서 염려와 명령을 한다. 더운물 많이 마셔라, 잘 먹어라, 푹 자라, 세상의 일이란 게 잘할 수 없는 일을 잘하라고 주문한다. 곁에 있는 생수 마시기도 귀찮은데 보리차 끓이기가 어디 쉬운가. 식욕이 없는데 어찌 잘 먹으라 하는가. 시간도 안 가고 잠도 안 오는 게 아플 때의 괴로움인데 푹 잠들 수 있겠는가. 약속한 걸 하소연하면 내가 더 야속할 것 같은 죄스러움의 연속이었다. 솔직히 가족 외에는 누가 아는 게 두려웠다. 워낙 확진자가 많아 별일 아니라고 하지만, 모르는 게 나을 듯싶어 그냥 웬만하면 전화도 받지 않았다. 밀린 원고도 부담됐고 내가 쉬고 있어 돌아가지 않는 몇 가지 일들이 걱정돼 사실 편히 쉬지 못하고 있었다. 스스로 쉴 수도 없으면서 어쩔 수 없는 휴가마저 왜 못 쉬면서 스트레스를 받고 있는지 나 자신이 이해가 안 됐다. 워낙 오래된 습관이라 쉬는 걸 힘들어하는 내가 안쓰러웠다. 일중독이란 이런 증세인가. 난 환자야! 내가 안 쉰다고 나갈 수도 없고 고민한다고 해결할 수도 없는 환자라고!

나흘째 아침, 오늘은 월요일이다. 나의 본래 휴무는 월요일이다. 월요일은 모든 약속을 다 미루고 외출하지 않는다. 늦잠을 자기 위해 알람을 꺼둔다. 청소와 빨래가 끝나면 온종일 맨얼굴로 그야말로 뒹구는 편안함으로 지낸다. 영화도 보고, 드라마도 보고, 삼겹살도 먹고, 라면도 먹고, 운동도 하지 않고 건강 따윈 생각하지 않고 게으른 여자처럼 길게 누워 하루를 보낸다. 행복의 실체가 이런 게 아닌가 싶을 정도로 만족스럽다. 그래, 남은 나흘을 월요일 내 휴무처럼 편안하게 아무 걱정 없이 푹 쉬자. 재충전이 있어야 일의 연장도 매끄럽지 않겠는가. 난 결심했다. 남은 재택치료 4일은 날마다 월요일처럼 살자고.

집안을 천천히 둘러봤다. 매일 보는 액자와 독일식 책상, 첼로 모양의 CD장, 안 타는 날이 더 많은 헬스용 자전거, CD장 안엔 퀸의 앨범이 제일 많을 것이다. 사는 게 고단할 때 프레디 머큐리가 죽은 줄도 모르고 있다가 머큐리가 에이즈로 세상 뜬 걸 알고서 며칠을 울었던 생각이 났다. 지금도 그런 감수성이 남아 있을지 아직 그런 가수를 못 만나서 잘 모르겠다. 나의 로망이자 허영이었던 독일식 책상은 오붓한 벽을 뒤로하고 너무도 자연스럽게 그곳에 놓여 있었다. 닫혀 있는 책상을 살짝 빼 보니 뭔가가 쏟아질 듯 비어져 나왔다. 죽부채와 한지에 적어진 유명 시인의 자필 시, 코팅해서 보내온 신문에 난 내 기사. 항상 그걸 보내 주시던 교수님은 갑작스럽게 세상을 떠나셨다. 벽 위쪽에 클림트의 〈생명의 나무〉가 걸려있다. 나무를 중심으로 왼쪽에 그려진 이집트 무희의 모로 돌린 표정이 '기다림'이란 제목처럼 뭔가 간절해 보였다. 오른쪽의 키스하는 남녀의 그림은 여자를 감싸 안은 남자의 모습이 그야말로 충만한 분위기였다. 충만이란 그림 제목을 이해 할 것 같았다.

새집에서 오래오래 행복을 누리라고 이사할 때 동생이 사준 해피트리가 몇 번의 죽을 고비를 넘기고 칠 년 이상을 실내에서 자라다 보니 잎이 너무 무성해졌다. 옆에 있는 화분이 몸을 휘어 둥글게 자라는 모습이 안쓰러울 지경이다. 그 무성한 것들이 창을 가려 햇빛을 차단하고 바람을 막으니 몸이 자주 아픈 것 같다. 몸이 좀 우선하면 화분을 치워 버려야겠다는 생각을 했다. 식물이 사람을 치유할 수 있다지만 압도하는 크기의 것들은 사람의 기를 뺏고 맥을 못 추게 하는 것 같았다. 소파에 앉아 맞은편 벽에 붙은 TV를 보는 답답함도 때때로 참을 수 없었다. 주방의 아일랜드를 정리하고 거실 창을 활짝 열어서 창밖의 푸른 나무들을 바라보면서 간단한 요리도 하고 각도를 조절해 TV를 보면서 답답함에서 잠깐 잠깐씩 벗어났다. 그릇장 뒤쪽에 있던 와인잔을 크기대로 앞쪽으로 빼놓고 액자의 먼지를 털었더니 액자 속 그림들이 봄꽃처럼 화사해졌다. 답답하고 후줄근한 것들이 일제히 빛을 발하고 반짝였다. 더 심할 것 같은 통증도 잠시 희미해졌다. 고통스럽고 우울하던 재택치료가 축제 전야처럼 설레고 가뿐해졌다. 나갈 수 없으면 갇힌 그 세계로 들어가 보면 될 일이었다. 날마다 월요일이라고 생각하면 더 달콤하지 않겠는가.

2.
꽃잎 묻은 개구리

그리운 여우 / 축제 / 꽃잎 묻은 개구리 / 사라진, 무너진
에스프레소 허영 / 청소기는 죄가 없다 / 나는 백조다

그리운 여우

- 12월 12일 오후 8시
- 영화 번개
- 〈찬실이는 복도 많지〉 영화 감상평
- 올해 나를 흔든 시 한 편
- 맥주 혹은 음료
- 줌(zoom) 앱 설치
- 드레스코드: 레드

시 읽기 모임 '그리운 여우' 반장이 단체 톡방에 올린 줌(zoom) 회의 공지다. 매달 만나서 시를 읽고 감성을 나누던 정다운 회원들과 일 년 가까이 만나지 못하고 있다. 보고 싶은 회원들을 화상으로나마 만난다고 생각하니 두근대는 가슴을 진정하기 어려웠다. 물론 전화도 할 수 있었지만, 전화는 매우 사무적이고 특별한 용건이 없으면 소모적으로 느껴져 잘 안 하게 된다. 때때로 단체 톡방에서 공유하는 사진이나 시로 근근이 달래던 그리움이 폭발할 단계쯤에 공지가 올라온 것이다.

공지를 받고 설렜다. 아니 떨렸다. 지독한 기계치, 새로운 것에 대한 호기심보다 낯선 것에 대한 공포가 더 많은 나는 줌에 접속하지 못해 회의에 참석하지 못할까 두려웠다. 우선 넷플릭스에서 〈찬실이는 복도 많지〉라는 영화를 보기로 했다. 코로나19로 넷플릭스가 생활의 일부분이 된 건 나뿐만이 아닐 것이다. 딸이 넷플릭스를 설치해줄 때만 해도 영화나 밀린 드라마 볼 시간이 있을 것 같지 않아서 데면데면했다. 갈 수 없는 시간과 만날 수 없는 시간이 길어지면서 넷플릭스의 무궁무진한 콘

텐츠들은 무료하고 막연한 시간을 유익하게 돌려놓고 있었다. 어떨 땐 드라마 몰아보기를 하는데, 이건 차마 못 할 일이다. 체력과 영혼이 상하는 듯, 끝나고 나면 감동이나 여운보다 수면 부족에서 오는 고통으로 후회가 더 많다.

〈찬실이는 복도 많지〉는 실패한 영화 프로듀서 이야기였는데 제목과 달리 찬실이는 지지리 복도 없었다. 그러나 절망을 말하지 않았다. 장면마다 쏟아지는 시적인 대사는 결국 희망을 얘기하고 있었다. 자신의 불행을 껴안아 버리는 찬실의 숭고함은, '그리운 여우' 들의 토론 소재로 최고일 듯했다. 치열하고 박식하고 푸근한 감성의 여우들 영화 감상평이 너무 기대됐다. 찬실이의 하숙집 할머니의 늦게 깨친 한글로 쓴 시, "사람도 꽃처럼 다시 돌아오면 얼마나 좋을까요."가 압권이었다. 올해 나를 흔든 시는 13세기 페르시아 시인 잘랄루딘 루미의 〈봄의 정원으로 오라〉였다. 한 해 전반이 푸석했기 때문인지 나른하고 달달하면서 극적인 시어詩語들에 마음이 당겼는지도 모르겠다.

접속시간이 가까워지고 있었다. 맥주와 생강 과자를 준비해 놓고 빨간 카디건에 체리 귀걸이를 했다. 마스크를 쓰기 시작한 후로 걸리적거려 사놓고 한 번도 해보지 못한 귀걸이였다. 새빨간 귀걸이가 도발하듯 붉게 반짝였다. 우울이 걷히는 듯 기분이 좀 좋아졌다. 그러나 접속이 잘 안 됐다. 뭐가 문제인지조차 몰랐다. 반장이 알려준 대로 순서대로 들어갔지만, 소리가 안 들렸다. 손사래 치는 회원들이 반가워서 두 손을 흔들며 소리쳤지만 계속 먹통이었다. 염려한 대로 접속을 못 할 수도 있다고 생각하니 손에 땀이 나고 아득해졌다. 결국, 노트북에 문제가 있었다. 가까이 사는 조카에게 연락했더니 아이패드를 가지고 달려왔다. 기계에 대한 모든 오류는 젊은이들에겐 간단한데 항상 내겐 큰일이고, 야단스러운 문제였다. 민망하고 부끄러웠지만, 나이 탓을 하며 너스레를 떨었다. 눈이 부신 형광

등 대신 스탠드를 켜 놓고 시작했더니 분위기는 거의 카페 수준이었다. 일곱 명의 반가운 얼굴들이 화면을 가득 메웠다. 반장의 건배 제의가 있었고 각자 근황을 소개하는 순서로 이어졌다. '그리운 여우'들은 너무도 슬기롭게 코로나19를 견디고 있었고 이미 코로나 따위는 뛰어넘고 있는 듯했다. 나는 상기된 목소리로 줌 회의의 경이로움을 얘기했고 접속의 애로사항을 하소연했다. 어느덧 예전 분위기를 되찾은 듯 모두들 치열하게 영화 감상평을 얘기했다. 그리고 올 한 해 자기 자신을 흔든 시 한 편씩을 낭독했는데, 그 뚝뚝 떨어지는 감성이라니-.

한 시간 예정이던 회의는 넘치는 화제로 두 시간이 넘어 끝났다. 얼굴 각도에 신경이 쓰여 줄곧 몸을 웅크렸더니 피곤이 몰려왔다. 반장 말이 한 시간 이상 회의하면 화가 난다며 좌중을 웃겼다. 우리는 그리움이 쌓이기 전에 다음 달 다시 만나기로 하고 회의를 마쳤다. 몇몇은 아쉬움에 끝내질 못하고 미적

대며 화면에 남아있었다. 2021년 새해, 줌의 신세계에서 우리가 읽을 시집은 윤제림의 《편지에는 그냥 잘 지낸다고 쓴다》이다.

* 그리운 여우 – 안도현 시인의 〈그리운 여우〉 시 제목에서 차용한 시 읽기 모임의 이름.

축제

홍옥이란 이름의 사과가 있었다. 그림책 속의 탐스럽고 빨간 모습의 사과는 아마 홍옥을 그린 것은 아니었을까. 껍질이 얇고 과육이 부드러워 한입 베어 물면 새콤달콤한 과즙이 입 안 가득히 고이는 사과였다. 그 많던 홍옥은 다 어디로 갔을까. 지금은 자취도 없다. 대신 9월이 되면 홍로란 이름의 사과가 과일 가게에 산처럼 쌓인다. 홍로는 개량종인 듯 홍옥과 비슷한데 거의 신맛이 없고 달고 상큼하다. 이를테면 새콤달콤의 진저리가 없어 어느 땐 사과가 아닌 것 같기도 하다.

난 사과를 좋아한다. 껍질을 벗기지 않고 사과를 통째로 들고 아삭 베어 무는 맛. 그것은 너무도 신선하고 근사하다. 사과를 먹는 일에 근사하다는 표현이 맞는지 모르겠지만 나에게 사과를 먹는 일은 어떻게 해도 근사한 일이다. 사과를 베어 물 때마다 자신감이 생기고 뭐든 해낼 수 있을 것 같았다. 또 아직은 내가 늙지 않았음을 느끼게 했고 감수성의 여전함도 알게 했다. 소녀 때 읽었던 강신재의 〈젊은 느티나무〉 속의 '숙희'가 나뭇가지에 걸터앉아 '므슈 리'를 향해 사과 씨를 떨구며 사과를 베어 먹던 장면이 잊히지 않는 것. 뭐 그런 것 말이다.

치과에 드나들던 어느 날부턴가 사과를 먹을 수 없을지도 모른다는 불안에 기운이 빠졌다. 그건 단순히 사과를 먹고 못 먹고의 문제가 아니었다. 치아가 부실해서 사과를 먹을 수, 아니 베어 먹을 수 없다는 건 나의 늙음을 인정하고 상큼한 일상을 포기하는 것과도 같다. '치경부 마모증'이란 진단이 나왔다. 앞니와 잇몸이 닿는 여러 곳이 깊이 패어 있었다. 의사는 파인 부분을 메우고 관리를 잘하면 된다고 몇 가지 주의를 줬다. 좌

우로만 움직이는 칫솔질, 치아에 과도한 힘을 주는 습관, 치아가 산성과 자주 접촉하는 일, 주로 이런 걸 피하라고 했다. 꼭 사과를 먹지 말라는 얘기 같았다. 치료받는 과정이 고통스러워 사과를 정말 못 먹을 수도 있겠다는 생각에 우울했다. 60이 넘은 나이에 사과 먹는 방법이 뭐 그리 중요하냐고 말한다면 할 말은 없다. 내가 사과를 베어 먹을 수 있는 시간들은 축제와 같다. 축제란 항상 설레고 들뜨고 가능하지 않은 것들이 가능해지는 시간의 회오리 같은 것 아닐까. 그래서 사과를 통째로 먹을 수 없다는 건 과장되게도 내 젊음과 〈젊은 느티나무〉 속의 숙희가 함께 사라지는 치명적인 일이기도 하다.

9월이 왔다.

마트엔 홍로가 산더미처럼 쌓였다. 삐툴빼툴 사과는 예년보다 부실해 보였다. 그러나 대견했다. 유난한 날씨에 꽃 필 즈음 코로나19에 밀려 사랑의 눈길도 못 받고, 긴 장마와 폭염으로 제대로 된 햇빛도 못 받았을 걸 생각하니 안쓰러웠다. 태풍 속에서 온몸을 부대끼며 용케도 견뎠구나. 사과는 눈물겨웠다. 단맛을 모으려고 몸살을 했을 것이다. 난 사과를 정신없이 담았다. 치과 의사의 주의도 잊고 이것만이 나이 듦을 잊는 일인 양 봉투가 넘치도록 사과를 담았다. 아삭, 한입 베어 문 사과는 달고 시원했다. 고단한 날씨를 견뎌 낸 상큼한 단맛이 기적처럼 느껴졌다. 사과를 베어 문 내 치아도 거짓말처럼 말짱했다. 사과를 먹을 수 있다는 황홀함에 치아가 어찌돼도 상관없다고 생각했다. 온갖 고난을 이겨내고 단단한 과육 속에 단맛을 감추고 내게 와 준 사과가 의연하고 눈부셨다. 사과를 먹으면서 신문을 읽고 텔레비전을 보면서 아직은 사과를 베어 먹을 수 있는 내 씩씩한 치아에 감사했다. 그리고 사과를 먹을 수 없게 되는 날을 생각하지 않기로 했다. 그건 오지도 않은 미래를 생각하다 중요한 현재를 놓치는 일이기도 할 테니까. 난 오늘도 아삭, 경쾌하게 사과를 베어 문다.

꽃잎 묻은 개구리

내게 멋진 시모임이 하나 있다. 시 쓰라고 하지 않고, 시를 외우라고 하지 않고 그저 마음에 드는 시가 있으면 담담하게 읽으면 된다. 그리고 누군가 시를 읽으면 그 시를 조용히 듣고 있다가, 가슴이 반응하는 대로 느낌을 이야기하면 된다. 시인의 애인도 시를 읽지 않는다는 요즘 세상에 경이롭게도 시집 한 권을 다 읽고 나면 모임 시간이 끝난다. 얼마 전 송진권 시인의 《거기 그런 사람이 살았다고》를 읽었다. 민트색과 주황색의 조화로운 책표지처럼 따뜻하고 상큼한 시집이었다. 신입회원이 〈물 가둔 논〉이란 시를 읽었다.

싸리 꽃잎 날려
물 가둔 논에 점점 내리는 밤입니다
밥풀처럼 싸리꽃 둥둥 뜬 밤입니다
대가리며 입술이며 포르족족한 뺨이며에
꽃잎 묻은 개구리들 와글와글대는 밤입니다

우리 모임의 교장 선생님인 최 선생이 진저리를 치며 이 시를 극찬했다. 꽃잎 묻은 개구리들이란 부분을 읽을 땐 온몸에 소름이 오소소 돋았다고 했다. 최 선생은 개구리를 싫어하다 못해 혐오에 가까운 마음이었다. 그러나 꽃잎 묻은 개구리란 표현을 읽은 후론 개구리를 절대로 싫어할 수 없겠다고 했다. 세상에! 꽃잎 묻은 개구리라니—. 그런 표현은 세상의 모든 미움을 감출 수 있을 것 같았다.

은행잎이 분분히 날리는 만추의 한복판을 딸과 함께 걷고 있었다. 전동성당 앞에 왔을 때쯤, 비둘기들이 극성스럽게 사람들 사이를 파고들었다. 모이를 찾는 듯 구구거리며 사람을 두려워하지 않고 성가시게 달려들었다. 딸이 비명을 지르며 비둘기를 피해 도망쳤다. 딸은 비둘기가 싫어 진저리를 쳤다. 비둘기를 필요 이상으로 밀쳐내는 딸의 모습은 그악스러웠다. 난 항상 그걸 이해하기 힘들었다. "꽃잎 묻은 비둘기라고 생각해봐." 난 딸에게 밑도 끝도 없이 중얼거렸다. "무슨 소리야?" 딸이 의아해하며 물었다. 난 꽃잎 묻은 개구리 이야기를 해주었다. 딸의 표정이 싸늘해졌다. 꽃잎이 아니라 금가루가 묻어 있어도 비둘기는 싫다며 굳세게 머리를 저었다. 난 딸의 단호함이 실망스러워 입을 다물었다. '꽃잎 묻은 비둘기도 개구리 못지않게 예쁘겠고만…….' 완강한 딸의 메마름이 안타까웠다. 축축하고 습한 개구리 등에 묻은 싸리 꽃잎은 그저 시적 표현이라고 말하기엔 훨씬 큰 의미로 다가온다. 세상의 모든 추하고 싫은 걸 꽃잎을 뒤집어쓴 개구리가 가려주고 덮어준다고 생각하니 그건 시가 아니라 정의에 가까웠다. 세상의 어떤 혐오도 덮을 수 있을 것 같은 꽃잎 묻은 개구리. 그건 마치 구원과도 같았다.

* 꽃잎 묻은 개구리: 송진권 시에서 제목 인용.

사라진, 무너진

어떤 사람에 대한 지독한 편견이란 얼마나 어리석은가. 그것은 어리석은 정도가 아니라 거의 죄악에 가까운 몹쓸 마음이다.

난 음악을 좋아한다. 아니, 악기를 다룰 줄도 모르고 거의 음치에 가까우니 음악을 좋아한다기보다 듣기를 좋아한다고 말해야 할 것 같다. 클래식, 판소리, 동요까지 가리지 않고 듣지만, 발라드란 장르는 약간의 인내가 필요한 음악이다. 재즈나 리듬 앤 블루스에 비하면 왠지 답답해서 잘 안 듣게 된다. 내 음악감상의 단계는 3단계다.

찾아 듣는 곡 '음반을 사거나 유튜브 뒤져서 듣는 곡'

그냥 두는 곡 '어디서 들리든 그냥 듣는 곡'

꺼버리는 곡 '참을 수 없어 피하거나 그냥 꺼버리는 곡'

그는 발라드의 왕자, 버터 왕자, 이런 닉네임으로 불리며 모든 여성의 로망쯤 되는 것 같다. 그의 '잘 자요.' 한마디면 기절할 듯 녹아드는 모양새가 너무 역겨워 그의 노래, 그가 나오는 예능은 거의 꺼버렸던 기억이 난다. 말하자면 그의 노래는 나의 음악감상 3단계, 꺼버리는 곡이었다. 노래가 싫으면 그만이지 왜 사람까지 싫어했을까. 아마 나의 편견에서 오는 오만 같은 것 아니었을까. 데뷔한 지 20년이 넘은 그의 노래를 한 곡밖에 모른다. 옹알이처럼 답답한, 지겨운, 식상한 그 노래는 워낙 유명해서 아무리 귀를 틀어막아도 들려오던 〈거리에서〉란 노래다. 그는 언제부턴가 영어 실력까지 뽐내며 TV를 어지럽게 했다. 요즘 말로 참 재수 없었다. 그가 나오는 프로에 채널을 고정한 적이 맹세코 없었다. 지금 생각하면 편견의 횡포 같은 것 아니었나 싶다.

코로나19로 모든 게 사라지고 무너졌다. 공연도 전시도 만남도 여행도 사랑마저 부서져 버렸다. 이즈막엔 역지사지, 측은지심의 마음이 없으면 아무것도 도모할 수 없는 지경이다. 먹지 않으면 죽을 수밖에 없어서인가. 요리, 시식 방송만이 꾸준한 관심과 인기를 유지하는 듯했다. 그가 TV에서 노래 대신 요리를 한다. 섬세하고 정성을 다하는, 때론 프로 같은 모습이 그의 목소리와 함께 치명적으로 다가온다. 그리고 어느 시식 방송 프로에서 천덕꾸러기 머슴의 편안함을 주더니, 오디션 프로의 심사위원으로 나와 출연자를 따뜻하게 격려하고 뜨겁게 환호하고 단호하게 질책하는 모습이 너무도 인간적이었다. 결혼한 사람을 부러워하며 노총각인 자신을 향해 한숨을 쉬는 그가 진정성 있게 다가왔다. 도도하고 재수 없던 사람으로 치부하며 무시했던 그동안의 나의 편견이 민망하고 미안했다.

어느 날인가, 난 놀랍게도 오래전에 그가 부른 〈여우야〉란 노래를 들으며 흥겨워서 둠칫둠칫 몸을 움직였다. 이런 노래가 있었다니. 좀더 일찍 그를 이해할 수 있었다면 어땠을까. 코로나 19로 모든 공연이 취소됐고 그는 노래하고 싶어 했고 뭐든 하고 싶어 요리하고, 예능 하고, 광고 촬영하고, 절대 완벽하지 않은 자신의 모든 걸 보여준다. 코로나가 아니었으면 바쁜 가수였겠지만 말이다. 덕분에 그의 치열함의 매력에 빠져 그가 나오는 광고를 기다린다. 아직은 그의 노래를 즐겨 들을 자신은 없지만, 그가 광고에서 진지하게 설득하는 상품을 사고 싶은 유혹에 빠지곤 한다. 그에 대한 편견과 오만에서 오는 횡포는 이제 사라진 듯하다.

코로나19는 많은 걸 무너지고, 사라지게 했지만, 또 다른 세계를 발견할 수 있게 했다. 이제 안타깝게 이놈의 코로나, 이놈의 마스크, 언제 끝나려나 분노하고 원망만 하지 말자. 나갈 수 없다면 부서진 그 속으로 들어가 보자. 사라진, 무너진 것들을 통해 새로운 세상을 볼 수 있다면 편견과 오해로 일그러져 있던 세상의 일들이 한순간에 달라질 수도 있지 않을까.

에스프레소 허영

아포가토는 이탈리아어로 '끼얹다' '빠지다'라는 뜻을 가지고 있다. 이탈리아의 대표적인 디저트로 진하게 추출한 에스프레소에 아이스크림을 올리거나 아이스크림 위에 에스프레소를 끼얹어 마시는 커피다. 난 이 커피를 별로 좋아하진 않는다. 커피 아이스크림쯤 되는 맛에 아메리카노 두잔 값을 쓰는 게 사실 아까울 때도 있다.

어느 날인가, 아포가토를 천천히 스푼으로 떠먹으며 단맛과 쓴맛의 조화가 사랑의 감정 같다는 걸 느낀다. 달콤쌉쌀한 맛은 사랑의 본질 아니었던가. 처음 만났을 때 달달함에 무작정 좋았다가 점점 실망하고 상처받으며 씁쓸해지는 것 말이다. 어디 사랑뿐이겠는가. 세상살이 자체가 단맛과 쓴맛의 소용돌이라는 걸 우리는 너무도 잘 안다. 거창하게도 아포가토는 인생의 맛처럼 느껴진다.

문학 작품에서 에스프레소 마시는 묘사가 나오면 모든 멋이란 멋은 거기에 다 있는 듯했다. 하지만 에스프레소가 그렇게 쓴 커피라는 것과 그토록 작은 잔에 나오는 걸 설명하는 친절은 없었던 것 같다. 모임에 가보면 에스프레소를 주문하고 양이 적다고 투덜대는 친구도 있고, 너무 쓰다고 커피 한 모금 마시고 물을 계속 마시는 친구도 있다. 결국, 에스프레소를 잘 모른다는 얘기다. 난 양이 많은 걸 좋아해 주로 아메리카노를 마시는데 진하게 마시고 싶을 땐 샷을 추가한다.

에스프레소 허영이라면 내게 진짜 망신스러운 기억이 있다. 오래전 얘기다. 지금처럼 카페가 유행이 아니었던 시절이었다. 백화점에서 직영하는 카페였다. '능개'라는 이름의 카페였는데,

능개라는 이름이 너무 예쁘고 궁금해서 하루는 작정하고 카페에 갔다. 주문을 받으러 온 직원에게 '능개'에 관해 물었더니 가랑비의 방언이라고 말했다. 가랑비 속에서 에스프레소를 마시면 근사할 것 같아 에스프레소를 주문했다. 그리고 직원 뒤통수에 대고 하지 말아야 할 소리를 큰 소리로 외치고 말았다. "커피 좀 많이 주세요. 큰 잔에다." 순간 직원이 날 휙 돌아봤는데 그 경멸의 눈초리라니. 나중에 소주잔보다 작은 에스프레소 잔을 보고 실망과 부끄러움이 함께 몰려왔다. 에스프레소가 그렇게 작은 잔에 나오는 줄 몰랐던 내 무지함에 화덕을 뒤집어쓴 듯 얼굴이 화끈거렸다. 아메리카노를 아프리카노라고 주문했다던 맞선 자리의 남자보다 더 황당한 일이었다.

해외여행 기념품으로 에스프레소라고 적힌 원두를 선물하는 사람이 종종 있었다. 그라인더도 없을 때였으니 원두를 분쇄기에 드르륵 갈아서 머그잔에 가득 담아 마신 후, 카페인 과다

섭취로 속이 쓰리고 손이 떨려 고생했던 기억이 난다. 이래저래 에스프레소의 기억은 나의 치부이자 허영의 모습으로 남아있다. 작은 잔에 독약을 털어넣듯 냉큼 마셔버리는 에스프레소는 왠지 허망해서 싫다. 에스프레소는 그렇게 마셔야 커피를 느낄 수 있다고 하지만 난 커피를 즐기고 싶어 천천히 아메리카노를 마시는 건지도 모르겠다. 거기다 에스프레소는 알고 있는 상식보다 카페인 흡수가 훨씬 적다고 한다. 시커멓고 지독한 쓴맛 때문에 카페인이 많아 잠을 더 못 잘 것 같지만 오히려 다른 커피보다 그런 염려는 없다고 한다. 실제로 에스프레소를 마신 날 특별히 잠을 못 자거나 한 적은 없는 것 같다. 본래 카페인에 무딘 체질이긴 하지만. 그러나 어디 에스프레소뿐이겠는가. 편견과 오류는 항상 우리가 너무 잘 안다고 생각하고 믿고 있는 곳에 있다. 커피 한 잔에 이렇게 심각할 필요는 없지만 어쨌든 에스프레소는 멋진 분위기를 갈망하는 사람들의 로망인 것만은 분명한 것 같다.

청소기는 죄가 없다

나만의 취향인 줄 알았던 것들이 사실은 젊음에 기댄 것이었다는 걸 나이 먹으면서 알게 된다고 어느 작가가 말했다. 절대 공감이다. 나도 그런 걸 절실히 느끼는 때가 종종 있으니 말이다. 젊은 날에는 집안을 인테리어 잡지에 나오는 집처럼 꾸미고 살았다. 모든 걸 수납장에 감추고 살림 안 하는 집처럼 말끔하게 해놔야 비로소 나다워지는 걸 느낄 수 있었다. 그리고 그곳에서 항상 도도했었다. 이즈막엔 청소가 참으로 힘든 일 중 하나가 돼버렸다. 음식은 어찌어찌하겠는데 도무지 청소라는 것은 어쩌지 못하는 것에 속한다. 자기 자신을 존중하려면 자기가 사는 곳을 깨끗이 청소해야 한다고 주변에 설교하

듯 떠들었다. 아마 젊어서였는지도 모른다. 뭔가를 수납장 밖으로 끌어내서 너절하게 늘어놓는 것을 식구들에게조차 용납하지 않았던 난, 지금 생각해봐도 굉장히 피곤한 사람이지 않았나 싶다. 나이 들면서 수납이 제대로 되지 않아 항상 어수선한 주변이 참을 수 없이 싫다. 수납장에 넣어 둔 곳이 냉큼 생각나지 않아 그냥 보이는 곳에 놔두게 된다. 생각이 안 나면 머리가 아픈 게 아니라 그걸 찾느라 몸이 아팠다. 모든 게 보여야 편하고 안심이 됐다. 한눈에 다 볼 수 있으니 구질구질한 것만 극복하면 이것도 나쁘지 않다.

청소의 고단함은 힘도 힘이지만 그 불편한 전선을 끌고 다녀야 하는 유선 청소기 때문이라고 생각했다. 뭔가 어질러졌을 때 바로 청소기를 쓸 수 있으면 얼마나 좋을까. TV에서 무선청소기 광고를 보고 저게 바로 혁신이다 싶었다. 충전의 불편함은 두 개의 배터리로 해결해주고 무시무시한 흡입력은 미세

먼지 걱정까지 없애준다니, 가히 파괴적인 유혹으로 다가왔다. 예전 무선청소기의 짧은 충전 시간과 미미한 흡인력을 생각해보면 그럴 만도 했다.

무선청소기는 신세계였다. 처음 얼마간은 그랬던 것 같다. 완벽한 것 같은 광고와는 달리 뭉뚝한 흡입구 때문에 구석구석 꼼꼼히 청소하기가 힘들었다. 흡입구를 일일이 바꿔서 끼우고 청소하는 게 유선 청소기 못지않게 귀찮았다. 결정적으로 모터가 손잡이 위쪽에 달려있어 권총을 쏘듯 한 손으로 모든 무게를 감당해야 했고 구부릴 수 없는 일직선의 설계가 어깨에 무리를 주었다. 청소만 생각하면 어깨에 통증이 먼저 왔다. 적어도 나에겐 그랬다. 걸레질은 여전히 청소의 어려움과 지겨움으로 남아있었고 실망감 때문인지 자꾸 짜증이 났다. 물걸레가 새로 나온 모양이다. TV에서는 걸레만 따로 부착할 수 있다고, 물걸레가 청소의 완성이라고 또다시 나를 흔든다. 완벽할 것 같았던 무선청소기가 신세계가 아니었듯 물걸레는 분명 또 다른 불편과 실망을 줄 것이다. 제발 시험에 들게 하지 말아 달라고 기도 아닌 기도를 하며 물걸레 광고를 외면한다.

미친!

로봇청소기 광고를 보다가 나도 모르게 거친 소리가 나온다. 물티슈를 사용하며 걸레의 유혹에서 간신히 빠져나오니 이번에는 로봇청소기가 나를 교란한다. 이 미친 기술의 끝은 어디쯤일까. 그 똑똑한 기계는 말로 청소를 부탁하면 구석구석 잘도 쓸고 닦고 청소를 한다. 어깨 통증도 상관없고, 청소 시간을 따로 낼 것도 없다. 사람이 없어도 척척 청소를 끝내고 강아지처럼 제집으로 쏙 들어가는 로봇청소기는 유혹의 경지를 넘어 거의 유린하는 수준이다. 지긋지긋하게 진화하는 청소기가 자랑스럽기는커녕 우리를 우롱하는 것 같은 마음에 무심히 서 있는 무선청소기를 흘겨본다. 마치 로봇청소기 보다 일찍 나온

게 죄인 것처럼. 그러나 청소기에 줄이 있든, 없든 그게 무슨 상관이란 말인가. 젊은 날 그림처럼 청소해 놓고 살던 때는 깨끗함이 취향인 것처럼 우쭐했었다. 나이 든 이즈막, 청소가 시들해져 깔끔치 못한 내 주변이 민망해서 애꿎은 청소기 탓만 하는 게 아닌가 싶다.

나는 백조다

나는 일부 사람들에게 스완언니로 불리기도 한다. 우아함을 유지하기 위해서 물속에서 끊임없이 물갈퀴를 움직이는 그런 백조는 아니고 내가 운영하는 침구 브랜드 이름이 스와니 침구였기 때문이었겠지만 말이다.

나는 서른 중반이 되도록 혼인하지 않았다. 아니, 못했다. 지금은 서른 중반이 결혼 적령기쯤 되는 것 같기도 한데 그땐 서른 중반의 여자가 혼인하지 않았다는 건 어떤 이유로든 불리하게 작용했다. 노처녀란 치욕적인 호칭은 물론이고 늦은 결혼의 이유가 모두 나 때문인 것처럼 치부하기도 했다. 따지기 좋아하고, 분석하기 좋아하는 분명한 성격마저 신경질적인 까다로움으로 몰아붙여 혀를 차며 나를 바라봤다. 심지어 선보러 나갈 때 안경을 벗고 나가라고 강요당하기도 했으니까 말이다. 안경을 이유로 거절한다면 나도 그런 사람 필요 없다고 떵떵거렸지만, 속내론 콘택트렌즈를 낄까 고민한 적도 있었다.

나는 쾌적하지 않은 것, 분위기 없는 것, 이쁘지 않은 것 이런 것들을 싫어했다. 또, 귀엽고 사랑스러운 것, 레이스 잠옷, 날씨에 따라 찻잔을 바꿔가며 커피를 마시는, 쓸데없는 것들에 열광하는 철없는 여자였다. 난 34세에 결혼했다. 그리고 골다공증 생길 나이에 딸 하나를 낳았다. 꽃이 없는 식탁은 상상도 못 했고 명화 프린트라도 걸지 않으면 교양에 손상이 가는 줄 알았다. 딸과 난 쾌적하고 아기자기한 집에서 우아하게 살았다. 그러나 인생이란 언제나 자기 의지와 상관없이 끌려가는 것이었을까. 어느 날부턴가 내 우아한 삶이 치명적 상처를 입고 동댕이쳐졌다. 진짜 우아하게 사는 사람들은 어떻게 사는지 모르겠지만 그때 내 기준의 우아함은, 약간의 문화생활을 즐기며 싫은 거 하지 않고 듣고 싶은 음악 듣고 커피를 마시며 스위츠를 먹는 것, 주말에 딸을 데리고 공원을 산책하는 것 정도였다.

내가 이런저런 이유로 세상의 바다로 나가게 됐을 때 난 또 다른 의미의 백조가 되었다. 우아하고 눈부신 자태로 물위에 떠 있지만 끊임없이 물갈퀴질을 해야 그걸 유지할 수 있는 생활의 고단함 같은 것 말이다. 그렇게 밤새 파도가 되어 잠들 수 없었고 구름이 되어 머물 수 없었던 시간들이 흘러갔다. 물밑에선 한없이 고단하고 힘든 일을 멈출 수 없었지만 아무 일 없는 여자처럼 항상 희고 화사한 모습으로 유유자적 물위에 떠 있는 백조라는 걸 아무도 몰랐다. 상복 같은 칙칙함을 입고 울어도 시원찮을 시간들의 연속이었지만 진주 장식에 아이보리의 귀티나는 분위기로 백작 부인처럼 우아한 체하고 있는 내가 한편으론 위대한 위선자 같기도 했다. 그러나 결코 멈출 수 없는 일이기도 했다. 물갈퀴로 끊임없이 헤엄쳐야 한다고 해서 꼭 품위 없이 그걸 다 드러낼 필요는 없는 법. 한 얼굴을 덧쓰고 백조로 유유히 떠 있어도 남을 괴롭게 하거나 해치지 않으니까 말이다.

이제, 내 바다는 잔잔해졌고 꼭 그 바다에 나가지 않아도 됐지만 이젠 세월이 날 가만두지 않는다. 그래도 난 여전히 백조다. 늙어야 할 세월이라면 화사하고 곱게 늙고 싶다. 느릿느릿 헤엄치며 천천히 움직여도 하얀 백조이길 멈추지 않을 것이며 여전히 백조로 살 것이다. 그리고 내 우아한 세계는 옛날이나 별반 달라진 게 없는 듯해 다행이다.

3.
친정 엄마 백 번 만나기

엄마의 봄 / 앵란을 위하여 / 보석과 명품 / 고급남
양화대교 / 친정 엄마 백 번 만나기 / 향원 언니

엄마의 봄

"여러분엄마에꽃동산감상해사랑한닿ㅎㅎㅎㅎ♡♡♡♡"

친정엄마가 군자란 사진과 함께 가족 단톡방에 올린 문자다. 주황색 군자란 꽃이 가득 핀 세 개의 화분을 찍은 사진은 도무지 87세 노인의 것이라기엔 전문가 못지않은 사진이었다. 그러나 띄어쓰기도 안 하고 소리나는 대로 쓴 문자는 87세 노인네가 쓸만한 문자였다. 잔뜩 그려진 하트를 가만히 보자니 쿡 웃음이 나오면서 어머니의 건강이 새삼 고마웠다. 친정엄마의 군자란은 벌써 10년도 넘게 탐스럽고 화사하게 꽃을 피운다. 그 휘황한 주황색 군자란의 왕성함을 볼 때마다 정승이라도 나올 것 같은 우리 집안의 대운이 느껴지곤 했었다. 꼭 정승이 아니라도 큰일이 안 생기고 모두 건강한 걸 보면 모든 액운을 막아주는 게 군자란인 것 같아 더욱 귀하게 느껴진다. 그 군자란을 정성으로 키우며 꽃을 피우는 일을 친정엄마가 하신다고 생각하면 엄마가 꽃보다 더 보배롭다.

친정에는 화초가 잘 자란다. 크고 작은 화분이 베란다에 가득하고 거실 군데군데에서 조화롭다. 녹색의 잎사귀들은 반들반들 윤이 나며 1년 내내 항상 꽃이 피고 진다. 화초 죽이기가 특기쯤 되는 나로선 엄마의 화초밭이 늘 경이롭다. 사람 못지않게 화초를 사랑하는 엄마의 모습은 부질없는 것에 대한 애정 표현처럼 느껴져 때론 안타깝기도 했다. 그러나 부질없음을 부질없다고 생각하지 않는 엄마의 믿음 덕분에 항상 꽃내가 진동하는 엄마의 화단이 존재하는지도 모르겠다. 오종종한 화분이 머릿속을 어지럽힐 법도 한데 외려 긴 나들이 땐 화초 때문에 노심초사다. 매화에 물 주라 유언한 이황의 매화 사랑쯤 되는 걸까. 이름을 알 수 없는 꽃나무에 매일 사랑한다, 사랑한다, 주문을 외우면서 물을 주고 잎사귀를 닦아주는 걸 보면 엄마의 에너지는 화초 사랑에서 오는 것 같기도 하다. 나는 엄마가 그 찬란한 군자란을 한 스무 번쯤 피우셨으면 하고 소망한다.

마트에서 장을 보다가 떡 코너에서 쑥버무리를 발견했다. 봄을 본 듯, 아니 봄을 움켜쥐듯 떡을 덥석 집었다. 쑥버무리는 쌀가루에 쑥을 버무려 쪄내는 떡이라 온전히 봄을 먹는 기분이다. 손으로 쑥버무리를 뜯어 먹으며 아무리 코를 벌름거려도 쑥 냄새가 맡아지지 않았다. 묵은 쑥을 냉동한 건지 색깔도 검고 도무지 쑥떡의 풍미는 없었다. 문득 엄마의 쑥버무리가 생각났다. 엄마는 이른 봄에 찬바람을 맞으며 쑥을 캤다. 어린 쑥을 넣고 찐 쑥버무리를 좋아하는 나를 생각하며 캤을 것이다. "간이나 맞을랑가 모르겄다." 엄마는 수줍게 쑥버무리를 내게 내밀었다. 엄마의 쑥버무리는 부드럽고 향기로웠다. 나는 그 연하고 향긋한 것을 손으로 떼어 먹다가 쌀가루의 감촉보다 더 부들부들한 목소리로 어리광을 피웠다. "엄마, 쑥버무리 스무 번만 더 해주고 죽어. 응?" "나보고 백 살을 더 살라고?" 엄마는 기쁜 듯 슬픈 듯 손사래를 치며 웃었다.

어느 해부턴가 엄마의 쑥버무리는 보슬보슬함이 없어지고 찐득찐득 쑥이 엉겨 질척했다. 그리고 쑥을 뜯느라 감기에 자주 걸렸고 얼굴도 푸석했다. 나는 쑥버무리가 먹기 싫다고 투정을 부렸다. 엄마는 쑥을 뜯지 않았고 그 후로 쑥버무리도 찌지 않았다. 마트에서 산 쑥버무리에서 딸을 위해 쑥을 캐던 친정엄마의 봄을 느끼려 애썼지만 끝내 봄은 느껴지지 않았다. 더는 쑥을 안 캐고 쑥버무리를 못 쪄도, 군자란을 피우며 가만가만 움직이는 엄마의 건강이 다행스럽고 애틋했다. 엄마가 다시 봄 언덕에서 어린 쑥을 뜯어 보슬보슬한 쑥버무리를 열 번쯤 더 해주시고 군자란을 스무 번쯤 꽃 피우시면 나도 친정엄마와 친구처럼 하얗게 늙어갈 수 있지 않을까.

앵란을 위하여

내게 올케가 둘 있다. 집안의 큰아들인 남동생의 아내와 막내아들인 남동생의 아내다. 막내 동생의 아내는 차분하고 정갈하다. 가만가만 움직이며 주로 미소로 화답하는 사람이다. 반면 큰동생의 아내는 유쾌하고 모든 게 긍정적이며 조그만 일에도 박장대소하는 사람이다. 꽃으로 치면 막내 올케는 잔잔하고 수줍은 들꽃 같은 분위기고 큰올케는 이국의 커다란 꽃을 연상시키는 시원하고 화려한 분위기다. 두 올케의 조화로운 성격은 우리 집안에 그럭저럭 무리 없이 잘 어울린다. 〈나 홀로 집에〉란 영화 속 케빈 가족처럼 야단스럽고 벅적대는 우리 가족에게 큰올케의 유머와 과장된 제스처는 마치 즐거운 영화 속에서 튀어나온 듯 우리를 유쾌함에 침몰시킨다. 그러다 작은올케의 정중동靜中動의 성격에 잠시 차분해질 수 있어 그것도 나쁘지 않다.

앵란은 큰올케의 애칭이다. 영화배우 엄앵란의 그 앵란이다. 큰올케의 유쾌함 못지않게 큰남동생도 만만치 않은 유머 감각을 지녔다. 큰올케가 앵란이가 된 이유는 올케의 남편, 즉 큰동생 왈, 내가 신성일이니 당연히 내 아내는 엄앵란이 된다는 것이다. 잘생긴 외모의 동생이 신성일을 자처하며 우리 앵란이, 우리 앵란이를 부르면 우리는 그냥 웃음바다에 빠져버린다.

앵란은 소탈하다. 뭐든 복스럽게 먹고 감사히 여긴다. 특히 시어머니의 음식은 대장금 음식쯤 된다. 꼭 맛있어서만은 아닐 것이다. 어머니와 얘기할 때 앵란의 접두사는 언제나 어머니였고 접미사도 어머니였다. 결혼 전엔 그게 쉬운 일처럼 느껴졌는데 내가 결혼해보니 좀처럼 할 수 없었던 일도 그런 일이었다.

어머니를 부르며 이야기를 시작하고 어머니를 부르며 말을 끝내니 얼마나 다정해 보이겠는가.

앵란에겐 두 아들이 있다. 큰아들은 앵란을 닮아 소탈하고 성실하다. 두터운 형제애를 과시하며 사랑이 뭔지를 아는 따뜻한 사람이다. 어렸을 때 내가 잠시 키웠었는데 참 감수성이 풍부하고 순수한 정서를 가진 아이였다. 작은 거짓말을 하고 언제나 거울 앞에서 코를 만져 보던 어린애가 지금은 삼십대 어른이 됐다. 거짓말을 하면 피노키오처럼 코가 길어진다고 믿던 순한 아이였다. 둘째 아들은 아빠를 닮은 꽃미남에 이성적이고 깐깐하다. 정돈되지 않은 것을 참을 수 없어 하고 할머니 공경이 끔찍하다. 모든 계획은 할머니를 중심으로 이루어진다. 앵란의 아들이 분명하다. 효도하는 앵란을 보고 자란 탓이려니 한다. 나의 두 조카들은 앵란의 인간적이고 푸근한 면과 효도하는 지극 정성을 닮아 항상 대견하다.

앵란과 나는 결혼 이후 지척에 살면서 삼십 년 넘는 세월을 함께했다. 겨우 두 살 많은 시누이인 나에게 모든 걸 상의하고 내 의견을 따른다. 시누이에 대한 예우를 깍듯이 지키는 참 아정한 여자다. 앵란과 나는 호칭만 시누이와 올케 사이이지 자매나 다름없다. 여자 형제 없이 오빠들 속에서 자란 앵란이 내게 형님이란 호칭을 쓰지 않고 언니라 부르는 것도 그냥 친밀해서 좋다. 그리고 친밀할수록 데면데면 넘어가는 일 없이 세심하게 챙긴다. 적어도 앵란에게 나는, 때리는 시어머니의 말리는 얄미운 시누이는 아닌 것 같아 다행이다.

2018년 올해는 개띠 해다. 앵란의 띠이기도 하다. 앵란은 낯가림이 적고 여러 사람과 친해지는 능력을 가지고 있다. 또한 주변사람을 잘 챙기고 배려심이 많기에 친구도 많고 동료들 또한 잘 따르고 좋아하는 성격을 가지고 있다. 든든하게 가족을 지켜주고 항상 곁에 있어 사람을 외롭지 않게 하고 주변을 환하고 즐겁게 해주는 사람. 무술년의 무는 황금색을 말하고 술은 개띠를 의미해서 올해 무술년은 황금개띠해라고 한다. 황금개띠해를 맞은 앵란의 한 해가 반짝반짝 빛나는 시간이었으면 좋겠다. 더불어 우리 식구들의 무술년도 복스럽고 건강한 황금개처럼 빛나는 한 해였음 하는 바람이다. 아마 앵란의 마음도 나와 같을 것이다.

보석과 명품

영자. 그녀의 이야기를 쓴다는 건 사람 사는 세상을 엿보는 일이거나, 생활의 발견 혹은 따순 이야기보따리를 펼쳐 보이는 일이다. 그래서 즐거운 일이기도 하다. 몇 년 전 〈영자〉란 수필을 썼을 때도 아마 이런 마음이었을 것이다. 그 유쾌한 작업을 나는 다시 한번 시작하려 한다.

그녀는 40년 가까운 세월을 국어교사로 근무하다 2년 전 명예퇴직했다. 명예퇴직엔 이런저런 이유가 있었지만, 시력이 좋지 않은 친정엄마를 지금 모시지 않으면 후회될 것 같다는 이유가 제일 컸던 것 같다. 퇴임한 그녀는 오랫동안 살았던 아파트를 떠나 단독주택을 사고 리모델링해서 이사를 했다. 친정엄마를 모셔오기 위해서였다. 편리함을 포기하는 대신 넓은 공간을 차지할 수 있어 만족해 했다. 살림 솜씨가 좋은 그녀의 집은 은가락지처럼 반짝반짝 빛이 났고 주방엔 훈김이 나서 항상 잔칫집 같았다. 갤러리처럼 꾸며놓은 집은 격조 있는 그림들로 멋진 분위기였다.

그녀의 퇴직은 무료하지 않았다. 시 읽기 모임, 시 낭송, 밀린 독서, 《주역》 강의를 신청하고 음악회에 가고 지인들의 행사에 빠짐없이 참석하는 성의는 누가 봐도 대단했다. 그녀는 늦잠을 즐겼다. 평생을 출근하고 애들 챙기느라 늦잠을 잘 수 없었기 때문인지, 출근 걱정 없이 이불 속에 누워있는 시간이 제일 달콤했다. 그녀의 취미 중 내가 가장 이해할 수 없는 것 중 하나는 그녀가 야구와 축구광이라는 것이다. 밤을 새워 축구 중계를 보고, 몇 시간을 허비(?)하며 야구 중계에 몰두하는 그녀를, 스포츠를 싫어하는 나로선 어떻게 해도 알 수 없는 일이었다.

실제로 응원하는 팀이 지는 경기를 보며 울고 있는 모습을 본 적이 있는데 낯설기보다 그녀의 진정성을 보는 듯 가슴이 따뜻해지기도 했다. '손흥민, 노란색에 강했다!' 그녀가 좋아할 만한 뉴스였다.

주변을 다 정리하고 친정엄마가 그녀의 집으로 오셨다. 제일 크고 편리한 안방을 어머니께 드렸다. 아니, 애초부터 어머니를 위해 꾸며진 방이라 특별히 옮기고 말 것도 없이 부부는 작은 방에서 더욱 오붓해졌다. 그리고 어머니의 자극 없는 반찬, 남편의 옛날 식성, 아들딸의 젊은 입맛을 두루두루 만족시키며 다섯 식구 식사를 알뜰하게 챙겼다. 혼자 밥 먹는 걸 제일 싫어하면서도 혼자 밥을 먹을 수밖에 없는 요즘 세상에 매일 식탁을 따뜻하게 차려내는 그녀는 이 시대의 마지막 엄마의 모습 같았다. 무엇보다 친정엄마 식성에 맞는 음식을 끼니마다 만들어 잡수는 모습을 SNS에 올리는 걸 보면 너무 좋아 보였다. 그 나이면 누구나 한 번쯤 겪는다는 빈둥지 증후군이 그녀에겐 아무 상관도 없다는 듯 언제나, 언제나 치열한 하루가 지나갔다. 사람이 꽃보다 아름답다는 말은 그녀를 두고 하는 소리 같았다. 한 사람의 사랑과 희생으로 주변 사람들이 얼마나 안전하고 행복해지는가를 느낄 수 있었다. 그녀 말대로 인생은 사랑 없이는 가지 못하는 것 같았다.

어느 날 그녀가 내게 묻는다.

"언니. 왜 난 보석과 명품에 관심이 없을까? 돈이 없어서일까, 수수해서일까?"

"아닐걸. 네 마음이 이미 보석이고 너라는 사람 자체가 명품인데 보석과 명품을 탐낸들 무슨 의미가 있겠어? 그래서 관심이 없는 거야!"

"언니, 그 말 욕심 내도 돼? "

감격한 듯 떨리는 목소리로 그녀가 물었다.

이처럼 조그만 칭찬에도 감격하는 그녀는 자기가 보석이면서 명품인지도 모르고 홀로 빛나고 있었다.

고급남

나는 고기를 좋아한다. 고기를 먹기 시작하면 한 시간 이상을 고기만 집중해서 먹을 수 있다. 과장되게도 내 위장은 생선이나 과일, 채소 이런 것보다 고기를 소화시키는 능력이 훨씬 탁월한 듯 고기를 먹었을 때가 속이 가장 편하다. 이런 나를 두고 조상이 몽골족이 아니냐고 의심하는 사람도 있다. 그럴 때마다 나는 그냥 웃는다. 그런데도 내 고기 굽는 실력은 엉망이다. 빨리 먹고 싶은 조급함 때문인지 불 조절을 못 해 언제나 고기가 타버리거나 겉은 먹음직스러운데 속이 익지 않는 실수를 한다. 사정이 이러니 나 스스로 고기 굽는 걸 정말 싫어한다. 그래서, 얌체 같지만 고기 잘 굽는 사람 앞에 앉아 있어야

맘이 놓인다. 나의 이런 얌체를 아는 사람은 다 안다. 요즘은 고기를 구워주는 집이 많아 조금 덜 미안하다. 내가 유독 좋아하는 고기는 돼지고기다. 일주일에 한 번 이상 삼겹살을 못 먹으면 우울해지고 쉽게 늙는 기분이 든다. 집에서 삼겹살을 먹으면 설거지가 너무 많아 웬만하면 외식을 한다. 이즈막엔 코로나19로 만남이 멀어지고 모임도 자유롭지 못해 음식점에 앉아 차분히 고기를 먹는 일이 거의 도전에 가까워졌다.

남편은 삼겹살을 안 먹는다. 아니 고기 자체를 싫어한다. 일주일에 한 번 고기 먹을 사람을 찾아야 하는 나로선 치명적인 일이다. 결혼 초 고기를 발작적으로 싫어하는 남편을 두고 하늘도 무심하다고 원망하던 생각이 난다. 고기 냄새 못 맡는 남편 때문에 고기를 거의 못 먹었으니 그럴 만도 했다. 억울하게도 생선 좋아하는 남편 반찬을 하느라 난 코를 막고 생선 요리를 했으니 그때부터 음식 갈등은 거의 전쟁에 가까웠다. 어느 날인가 다른 식성을 투덜대는 나에게 지인이 말했다.

"하느님이 무심한 게 아니라 하느님은 공의로우시죠. 둘 다 고기를 좋아해서 매일 고기만 먹었으면 건강이 어찌됐겠어요? 덕분에 생선과 고기를 적절하게 먹을 수 있어 다행이라고 생각하세요."

그러니까 내가 그럭저럭 건강한 게 남편 생선 덕분이라는 얘기였다. 틀린 말은 아닌 듯했다.

사회적 거리 두기로 모임도 끊기고 그야말로 고기를 못 먹어 신경질이 늘어갈 때쯤, 놀랍게도 남편이 고기구이 팬을 사 왔다. 기름도 잘 빠지고 냄새도 드세게 안 나면서 샤브샤브도 해 먹을 수 있는 기능이 많은 팬이었다. 나는 신바람이 나서 고기를 사 날랐다. 아이러니하게도 고기 냄새도 못 맡는 남편의 고기 굽는 실력은 인간문화재 수준이다. 어떻게 그렇게 고기를 잘 구울 수 있을까. 경이로울 지경이었다. 노릇노릇 구워진 고기 맛은 신세계였다. 입속에서 폭죽처럼 팡팡 터지는 육즙의 향연이라니. 난 천년 동안 고기를 못 먹은 여자처럼 게걸스럽게 먹고, 또 먹었다.

"고기를 너무 먹는 거 아닌가. 나이도 생각해야지."

남편은 혀를 차면서도 고기, 버섯, 양파, 피망까지 구워 놓고 방문을 꼭 닫고 들어가 내가 다 먹을 때까지 나오지 않는다. 고기 한 점 안 남기고 다 먹어 치운 고기 팬이 민망하고 부끄러워 후다닥 상을 치운다. 맙소사! 설거지하는데 콧노래까지 나왔다. 역겨운 냄새를 참으면서 고기를 구워주는 남편이 새삼 고맙고 미안했다. 남자가 못 먹는 게 어디 있냐고, 삼겹살 좀 먹으면 죽기라도 하느냐고 공격했던 지난날이 염치없었다. 그리고 조기 구우면서, 갈치 조리면서, 오징어 볶으면서, 싱크대 앞에서 부글거리던 지난 세월을 다 보상받은 듯 사르르 뭔가가 녹아내리는 기분이었다. 부디 건강하소서. 나의 고급남이여!

양화대교

가수 자이언티의 〈양화대교〉란 노래가 있다. 어린 날의 추억과 어른이 된 지금의 대견함에 대한 벅찬 모습이랄까, 그런 감정을 표현한 가사가 너무 따뜻해서 좋아하는 노래다. 나른한 목소리가 자꾸만 행복하자고 속삭인다. 아프지 말자고 속삭인다. 노래를 반복해 듣다 보면 최면처럼 정말 아프지 않을 것 같다. 노래는 대체로 행복하고 따뜻하게 흘러간다. 난 이 노래를 들으면서 언제나 궁금했다. 양화대교는 한강 어디쯤에 있는 걸까. 이런 감성이 있는 다리는 어떤 모습일까.

"어제는 양화대교에서 집까지 걸어왔어."

어느 날 전화 속에서 딸이 무심하게 말했다.

"뭐? 양화대교? 너희 집에서 가까워?"

"응."

아! 양화대교는 영등포에서 가깝구나.

2월에 〈툴루즈 로트렉전〉이 예술의전당에서 있었다. 전시 기간이 5월 초까지라 느긋해 있다가 코로나19가 터졌다. 전시관 휴관으로 관람을 못 할까 봐 노심초사했는데 코로나가 잠시 주춤해진 4월 말에 다행이 다시 개관했다. 급히 서울로 향했다. 명화 전시회가 있으면 진품을 관람할 유일한 기회라 거의 놓치지 않는 편이다. 툴루즈 로트렉은 워낙 관심 있던 화가였기에 기대가 컸었는데, 보고 싶던 그림이 거의 오지 않아 몹시 실망스러웠다. 그래도 코로나19 와중에 유일하게 즐길 수 있었던 문화생활이어서 숨통이 트이는 듯해 기쁘게 관람했다. 몇 달째 영화관 한번 못 가던 중이라 사회적 거리 두기니 마음만 가까이하기니 뭐니 해도 사람과 섞여 뭔가 느끼고 즐기는 것에 목말라 있었던 것도 사실이었다.

예술의 전당에서 버스를 타고 딸과 집으로 가고 있었다.

"엄마, 지금 건너고 있는 게 양화대교야."

"그래?"

양화대교란 소리에 너무 반가워 창밖을 봤다. 은처럼 반짝이는 강물은 평화로웠고 건너편 철교에 하얀 전철이 희망처럼 길게 달리고 있었다. 순간 울컥했다. 지난 몇 달 동안 대한민국 우리나라는 너무도 애썼다. 코로나19 방역에 한뜻으로 뭉쳤고, 지역감정 같은 것 다 무시하고 도시락을 보내고, 마스크를 나누고, 정부의 지침을 잘 따라주어 슬기롭게 코로나19와 맞섰다. 토닥토닥 등이라도 다독여주고 싶은 우리나라 국민이었다. 세계가 인정한 굳세고 멋진 나라였다. 양화대교에서 바라본 풍요로운 풍경은 마치, 눈물겹도록 아름다운 우리나라를 한눈에 보는 듯 코가 찡했다.

우리는 마스크를 굳세게 쓰고 한 고비를 넘겼다고 생각했다. 유 모차를 탄 아기와 뒤뚱대며 걷는 어린이도 마스크를 벗지 않았다. 그 답답함을 잘도 참는 걸 보면서 정말 눈물겨운 세월이구나 생각했다. 그 와중에 물벼락과 폭염을 번갈아 견디며 이 시험의 끝은 어디쯤일까 궁금했다. 지구 온난화 현상이라고 생각하기엔 그 끝이 너무 아득해 기진할 것 같았다.

국립중앙박물관에서 조선후기 화가 이인문의 〈강산무진도〉 전시회 소식이 있었다. 총 길이 8.5미터에 달하는 긴 두루마리 그림이다. 2006년 김훈의 소설 〈강산무진〉이 출간 됐을 때부터 보고 싶던 그림이었는데 무려 15년 만에 보게 됐다. 과연 그 그림엔 김훈이 묘사한 것처럼 눈으로 본 강산과 꿈에 본 강산, 꿈에도 보지 못한 강산들이 포개지고 잇닿으면서 출렁거리고 있을까.

난 8월의 마지막 주를 그야말로 손꼽아 기다리고 있었다.

박물관에서 연락이 왔다. 박물관 직원 중에 확진자가 나와 휴관하는 관계로 예약이 취소됐다고. 사회적 거리 두기가 2단계로 격상되고 집단 감염에 대한 사회 전반의 우려가 커지고 있다는 TV 속 아나운서 목소리가 다급하게 들려왔다.

지금 서울을 비롯한 수도권이 최고의 감염지역이라니 너무 안타깝다. 그날 양화대교에서 바라봤던 것들이 이 세상의 일이 아닌 것처럼 느껴졌다. 그것은 꼭 서울의 풍경이라기보다는 그냥 멋지고 대견한 우리나라로 비추어졌었다. 그래서 그렇게 벅차고 눈물겨웠는지도 모른다. 아직도 현실감이 없지만, 이 모든 것 또한 지나가리라. 우리는 다시 해낼 수 있을 것이다.

행복하자 행복하자.

아프지 말고 아프지 말고. 그래그래.

〈양화대교〉 가사가 지친 우리를 위로한다.

친정엄마 백 번 만나기

일 년에, 어머니 100번 만나기 계획을 세워 놓고 있는데 그게 쉽지 않다고 지인이 우울한 표정으로 민망해 했다. 처음 그 소리를 들었을 때, 얼마나 무심하면 부모를 일 년에 100번을 못 만나서 계획까지 세워 놓고 법석을 떠는 걸까. 살짝 비웃기까지 했다. 일 년에 왜 100번을 못 만나는 걸까. 그러나 그게 얼마나 무책임하고 오만한 생각이었는지 얼마 후에 깨닫고 깊이 후회했다. 365일에 100번은 쉽고 간단할 줄 알았던 내 어리석고 짧은 생각 탓이었다. 그리고 막막했다. 일주일에 네 번은 엄마를 만나야 하는데 한 달에 네 번도 어려웠다. 지인의 우울을 이제야 알 것 같았다. 한 달에 2번, 일 년에 24번, 5년에 120번, 5년 후엔 94세. 과연 그때까지 엄마는 건강하게 살아 계실까. 그리고 난 정확하게 한 달에 두 번씩 엄마를 만나러 갈 수 있을까. 갑자기 엄마를 100번도 못 볼지도 모른다고 생각하니 가슴이 덜컥 내려앉았다.

"나 어지럽고, 머리 아파"

친정엄마 목소리가 전화기 저편에서 가물가물했다.

"왜? 엄마 무슨 일이야?"

"나 백신 2차 맞고 왔어."

"세상에!"

내가 백신 맞고 두통과 몸살로 한 달 넘게 고생한 터라 그 고통이 어떤지 아는 나로선 우선 화부터 났다. 백신을 맞으려면 병원에 같이 갔어야지 왜 혼자 가셨을까. 하긴 1차 접종 때 순조롭게 넘어갔다고 자랑하듯, "늙은 나도 괜찮은데 젊은 니가 왜 근다냐." 하시며 내 걱정만 하시더니 2차 때도 괜찮을 줄 알았나 보다. 무슨 일이든, 걱정하지 말라며 혼자 하려는 아집과 무모함에 때때로 일을 크게 만드는 친정엄마가 아니었던가. 갑자기 불길한 생각에 아득해졌다.

친정으로 가는 길이 멀고 깊었다. 본래 가까운 길은 아니었지만 이렇게 더디고 애터지는 길은 더욱 아니었다. 운전 못 하는 내가 오늘처럼 무능해 보이기는 처음이었다. 누군가와 통화를 하며 산만하게 운전하는 택시기사가 야속했다. 별 중요하지도 않은 대화를 이어가며 유유자적 가고 있는 기사의 몰상식에 너무 화가 났다. 마음도 어지러운데 남의 대화 내용을 다 듣고 가야 한다는 게 더욱 참을 수 없었지만 결국 아무 말도 하지 못했다. 내가 끝내 참은 건 엄마의 안전을 기원하는 선한 마음이 나를 말렸기 때문이었을 것이다.

친정엄마는 침대에 누워서 바쁜데 뭐하러 왔냐며 손사래를 치셨다. 아까와는 달리 목소리에 힘이 있었다.

타이레놀 두 알 먹었더니 좀 나아졌다. 바쁜데 뭐하러 왔냐. 1차 때는 괜찮았는데 이상하다. 외로움 탓일까? 침대에서 내려온 엄마는 끝없이 얘기하고 내게 말을 걸었다. 위급했던 전화 속 목소리를 생각하면 어이가 없었지만, 엄마의 안전함이 다행스러워 그런 건 아무래도 좋았다. 베란다의 반들반들하고 싱싱한 초록의 화초들을 보니 건강한 엄마를 보는 듯 안심이 됐고, 정돈된 집안은 엄마의 건재함이 느껴져 기뻤다. 엄마는 전설같이 먼 옛날 일을 어제 일인 듯 자세하게 얘기했다. 그 선명한 기억들은 엄마의 푸른 날들이기도 했는데, 힘들고 고생스러웠어도 다 좋은 기억으로 남아있었던 것 같다. 짜장면을 시켜 이른 저녁을 먹었다. 엄마는 여전히 간짜장을 좋아하셨다. 간짜장 잘하는 동네의 오래된 중국집 전화번호로 직접 주문도 하셨다. 사람이 그리워서 몸살이 나셨던 것일까. 엄마는 아픈 것 같지 않으셨고 식욕도 좋으셨다. 너무 많다고 하시면서도 짜장면 한 그릇을 남김없이 다 드셨다. 아무렴 어떤가. 혼자 끙끙

앓지 않고 소리쳐 외롭다는 신호를 보냈다는 게 너무 고마웠다.

집을 나서는 나를 따라나서며 엄마는 연신 고맙다. 고맙다. 바쁜데 와줘서 고맙다고 하셨다. 이게 고마운 일인가. 부모와 자식 간에 이런 게 고마운 일이 돼버린 세상이 민망했다. 아니, 이런 소리가 당연한 듯 부끄럽지 않은 내가 더 부끄러웠다.

"조심해라." 엄마 목소리였다.

엄마네 6층 베란다를 올려다보니 엄마가 손을 흔들며 창가에 서 있었다. 나는 어서 들어가시라고 손사래를 쳤다. "조심해서 가!" 엄마가 아쉬운 목소리로 애달프게 소리쳤다.

한 달에 4번, 1년에 48번, 2년에 96번, 2년 후면 91세. 다른 일을 줄이고 주말마다 엄마를 보러 간다 해도, 2년에 100번을 못 만난다. 좀더 시간을 내야 할 것 같다. 내 무심함에 엄마가 돌아가실 때까지 100번을 못 만날지도 모른다는 불길한 생각에 진저리를 쳤다. 돌아가시기 전, 나는 100번 아니, 천 번이라도 엄마를 만나야 한다. 엄마! 부디 건강하셔서 나랑 천 번도 더 만나시게요.

향원 언니

지난달 고모가 돌아가셨다.

향년 100세였다. 아버지 형제 열 분 중 마지막 분이셨고 네 분의 고모 중에서도 마지막 분이셨다. 고모부가 돌아가신 후 아들 둘과 위로 딸이 둘이 있었는데 어떻게 된 건지 고모는 항상 둘째 딸 집에 계셨다. 고모의 둘째 딸이 향원 언니였다. 평생 늙지 않을 것같이 생글생글하던 언니도 어느덧 일흔이 넘어 백발이었다. 서울에 살던 언니가 청주 시댁 쪽으로 이사할 때 고모도 같이 가시더니 어언 20년이 다 되어간다고 했다.

상가는 생각보다 썰렁했다. 형제분도 안 계시고 팔십이 넘은 조카들도 있었으니 당연히 못 올 형편이었다. 며칠 전 통화했는데 무슨 일이냐며, 옷 입다 주저앉아버리신 친정엄마도 결국 못 오셨다. 오래 산다는 것은 인연 있는 사람이 차츰 없어지는 일이라고 생각하니 그것도 쓸쓸한 노릇이었다. 고모는 그 옛날 여고를 나와서 일본 유학을 준비했던 분이신데 끝내 유학은 못 가셨다. 훗날 당신이 못 가신 학교를 우리 딸이 가게 됐을 때 어찌나 기뻐하셨는지 그 아쉬움이 아직도 남아있는 듯했다.

고모가 가지신 품성은 꼿꼿함이었다. 걸음걸이부터 앉아있는 모습까지 항상 꼿꼿하셨다. 그 꼿꼿함은 자존감으로 이어졌다. 나는 항상 향원 언니가 대단해 보였다. 고모의 마음을 얼마나 잘 세워주었는지 고모는 꼿꼿하다 못해 도도하기까지 했다. 친정어머니와 딸은 애증의 관계로 거의 매일 싸우다시피 한다는데 향원 언니의 세월은 어땠을까. 혹시 그런 갈등은 없었을까. 고모가 아는 사람보다 모르는 사람이 더 많은 세상에 둘은 어떤 대화가 오갔을까. 언니가 섭섭하게 했으면 힘든 모습이었을 텐데 항상 복 많은 노인네처럼 타고난 유머 감각으로 주변을 유쾌함으로 침몰시키며 얼굴빛도 좋았다. 난 향원 언니에게 경의를 표했다. 빈소에 우리 형제들과 작은어머니, 향원 언니 형제들과 언니 자식들, 그리고 시댁 식구들이 모여있었다. 향원 언니는 생전의 고모가 항상 화장하시고 커피 마시고 고기를 즐기셨다고 했다. 돌아가시기 직전 고관절이 부러져서 119를 불러놓고 기다리는 사이 몰래 눈썹을 그리셨는데 누워서 그린 눈썹이 너무 삐뚤빼뚤 엉망이었다는 얘기를 듣고 우리들은 박장대소했다. 100세 생일선물로 화장품을 선물했다는 언니는 그걸 다 못 쓰고 가셨다고 눈물 바람이었다.

향원 언니가 마스크를 벗었을 때 백발의 단발머리 밑으로 드러난 언니의 얼굴에 깜짝 놀랐다. 흰머리만 보고 노인네 수발하느라 삭아지고 찌들었을 얼굴을 상상하고 있던 나는 언니의 주름 없이 팽팽한 얼굴을 보고 놀라고 신기해서 언니를 오래오래 바라봤다. 언니는 고모를, 아니 친정엄마를 진정으로 모셨구나. 그렇지 않고서야 저런 곱고 선한 얼굴이 있을 수 있을까. 그래서 고모가 다른 자식 놔두고 언니 집에 20년 가까이 있었던 건 아닐까. 두 사람 성격을 아는 나는 고모와 언니가 무덤덤하니 TV나 보고 대화 없이 지냈다고는 생각하지 않는다. 끝없는 이야기와 극진함에 순한 세월이 갔을 듯했다. 그리고 형부의 무던하고 살가운 성격도 한몫했을 것이다.

빈소에서 마지막까지 고모를 모시느라 종종거리는 향원 언니를 보며 효의 근본을 보는 듯 코끝이 찡했다.

4.
미나리 그리고 미나리

보고 싶습니다 / 인디안 섬머 / 미나리 그리고 미나리 / 요양원 블루스
강릉 매화 / 완주에 빠지다 / 냉면 그리고 비둘기 / 갈 수 없는 땅

보고 싶습니다

김학 선생님의 부음을 듣던 날.

선생님의 죽음을 믿을 수 없는 내 마음처럼 미친 바람이 불고 함부로 뿌린 비가 얼굴을 때렸다. 이 모든 게 꿈이 아니라고 확인시키는 듯했다. 빈소에 달려갔지만 믿을 수 없는 건 마찬가지였다. 영정 속 사진이 너무 낯익어 하마터면 말을 건넬 뻔했다. 빈소에서 상주들에게 나를 소개하는 일이 선생님 죽음만큼이나 기가 막혔다. 나를 알던 선생님이 계시지 않기 때문이었다.

입관이 끝난 빈소에 모든 걸 체념한 듯한 애통함이 한숨처럼 떠돌았다. 헛헛하고 목이 메었다. 선생님께 작별인사를 하려고 영정 앞에 섰다.

“선생님. 보고 싶어요. 돌아가신 지 이제 하루 지났는데 천 년이나 된 듯 너무 보고 싶습니다. 부디 편히 가세요.”

참았던 설움 덩이가 터지면서 짐승 같은 울음소리가 났다. 허망해서, 황망해서, 아쉬워서. 아무리 크게 울어도 가슴이 답답했다.

이른 아침 도착한 추모관에 찬바람이 먼저 와 있었다. 선생님이 오실 마지막 길을 둘러보니 산도 길도 수려했다. 글을 쓰기도, 책을 읽기도 다 괜찮을 듯 주변이 정갈했다. 마음이 놓였다. 선생님이 도착하셨다. 산처럼 그득하게 채워주시던 풍채는 간데없고 그토록 작은 유골함이 애통했다. 세상에! 세상에! 이렇게 가시는구나. 영정 앞에서 오랫동안 선생님과 작별했다.

추모관 직원이 낮은 사다리에 올라가 유골함을 유리장 안으로 들여놓았다. 하얀 도자기와 붉은 십자가가 평화로웠다. 잠시 후 드릴 소리가 요란했다. 가슴을 후벼 파는 듯 드릴 소리가 언짢고 아팠다. 모악추모관 107호 197번. 김학 선생님의 새집 주소다.

당신을 땅에 묻고 와 내리 사흘 밤낮을 잤네
일어나 반나절을 울고
다시 또 사흘 밤낮을 잤네

하릴없이 마당을 쓸고
더덕밭을 매고
뒷목을 긁고
흙 묻은 손바닥을 일없이 들여다보다
또 손톱 하나를 뽑고
당신을 생각하는 이 계절은 붉거나 노랗거나

혹은 그 가운데쯤의
빛깔
업듯 새끼사슴을 안고
꽃나무를 나서는 향기처럼 신발을 끌며
마을 입구까지 길게 걸어갔다 왔네

인중이 긴 하늘
선반엔 들기름 한 병

– 고영민, 망종(芒種)

고영민의 시 〈망종〉을 읽으며 꼭 이 마음으로 며칠을 지냈다. 씨 뿌리면 다시 나듯 사람도 꽃처럼, 곡식처럼, 산야의 녹음처럼 다시 돌아오면 얼마나 좋을까.

故 김학 선생님의 명복을 빕니다.

인디안 섬머

한때 내게 정처 없던 세월이 있었다. 열망했던 문학적 성과는 지리멸렬했고 책장에서 누렇게 변해가는 《레미제라블》이 있었다. 백일장에서 받은 자랑스러운 상장과 상품은 몹쓸 문신처럼 날 괴롭혔다. 물위의 꽃처럼 흔들리던 그 지독한 시기(47세)에 기적처럼 김학 선생님을 만났다.

내 평생소원이 소주 석 잔 마시고 〈쑥대머리〉 한 곡 부르는 거였는데 당시 나는 단가나 유행가는 고사하고 소주 한 잔을 제대로 못 마시는 참 시시한 여자였다. 쓰던 소설을 포기하고 선생님의 지도로 수필을 쓰기 시작했다. 비로소 체증처럼 답답하던 가슴이 조금씩 뚫리며 시원해졌다. 쓰고, 또 쓰고, 실망하고, 격려받고, 혹평을 감수하며 얼마의 시간이 흘렀다. 선생님은 모닥불처럼 화르르 타오르는 야단스러운 분은 아니셨다. 그저 구들장처럼 지지근하고 조용한 성품이셨다. 다만 끝없이 채찍질하고 따뜻하게 격려하던 과묵한 분이셨다. 문학 단체 행사나 동인지 모임에 참석하면서 나도 소주 한잔 마시고 〈쑥대머리〉를 부를 수 있게 됐다. 더이상 술을 거절하며 노래 못한다고 손사래 치는 못난 여자는 아니었다. 선생님은 밥만 먹는 것보다 짜장면 한번 먹어보자고 내 〈쑥대머리〉를 종종 청하셨다. 내 부족한 노래 실력이 짜장면 맛에 묻히는 듯 편하게 불렀던 것 같다.

선생님의 정보력은 대단하셨다. 모든 문학상에 응모할 수 있는 공지를 끝없이 올려주셨고 풍성하고 경이로운 성과는 선생님에 의해 지역신문에 빠짐없이 보도됐다. 제자들이 전국의 많은 상을 받고 신문의 문화면을 차지한 건 선생님의 열성이 아니었으면 있을 수 없는 결과였을 것이다. 어떻게 보면 구슬이 서 말이라도 꿰어야 보배라는 걸 가르쳐주신 분이 아니었나 싶다. 이제, 많은 정보를 스스로 챙기고 성과를 내야 하니 선생님의 제자들은 참 고단할 것 같다. 어떤 인연이 20년 세월로 이어질 수 있다는 것, 그것도 염려와 지도로 한결같았다면 참으로 커다란 애정의 고리가 아닐 수 없다는 생각이 든다. 김학 선생님의 제자 사랑은 언제나 질긴 끈처럼 거침없고 든든했었다. 정처 없이 떠내려갔던 혼란의 시간이 다 지나가고 난 선생님 그늘에서 소담한 문학적 성과를 낼 수 있었다. 등단 18년 동안 수필집 세 권을 냈고, 다수의 상을 받았다. 무엇보다 술을 거절하지 않을 수 있게 됐고 〈쑥대머리〉 말고도 〈사철가〉, 〈이별가〉, 〈호남가〉, 〈사랑가〉를 부를 수 있는 멋진(?) 여자가 됐다. 다 김학 선생님을 만난 후의 일이다.

절망 가운데 뜻하지 않은 희망, 인생에서 가장 빛나는 시기,

이런 찬란한 순간을 인디안섬머라고 한다. 그렇다면 나의 인디안섬머는 김학 선생님과 함께한 세월이 아니었나 싶다. 잘할 수 있는 게 하나도 없었던, 참으로 밋밋하고 무미한 중년의 여자를 새콤달콤 다채로운 여자로 만들어주신 선생님. 이제 떨어진 꽃처럼 아쉽고, 그립고, 너무 슬픈 사람으로 남아버린 선생님. 선생님 앞에서 계면조(界面調)의 〈쑥대머리〉 한번 다시 불러 봤으면 하는 마음이 간절하다.

故김학 선생님의 명복을 빕니다.

미나리 그리고 미나리

영화 〈미나리〉는 선댄스영화제 심사위원상을 기점으로 골든 글로브 최우수 외국어영화상까지 휩쓸며 전 세계 75관왕을 기록했다. 그리고 마침내 〈미나리〉에 출연한 배우 윤여정이 제 93회 아카데미 시상식장에서 여우 조연상을 받았다. 한국인이 아카데미 연기상을 받은 것은 한국 영화 102년 역사상 처음이다. 〈미나리〉는 희망을 찾아 낯선 미국으로 떠나온 한국 가족의 절망과 희망, 꿈과 행복, 불행과 고난을 이어가는 여정을 그린 영화다. 미나리를 연출한 한국계 미국인 정이삭 감독의 자전적 이야기이기도 하다. 영화를 보면서 이민자의 개척 서사와 묵직한 메시지가 큰 감동으로 다가왔다.

나에게도 미나리 이야기가 있다. 나의 미나리 이야기는 영화에 비하면 너무 가벼워서 살짝 부끄럽기도 하다. 어릴 적 우리 집엔 조그만 자투리땅에 물을 대서 습지에 미나리를 심어 생활 하수를 처리하면서 텃밭으로 사용하던 미나리꽝이 있었다. 친정엄마는 미나리나물을 자주 밥상에 올렸고 나는 미나리 향이 너무 진해서 코를 막고 먹어보려 애쓰던 생각이 난다. 그 지독한 냄새를 참으며 엄마는 미나리나물을 잘도 드셨다. 어느 땐 그 고약한 나물을 매일 먹는 엄마가 불쌍하기까지 했다. 그러나 엄마는 어쩜 미나리 향을 즐겼는지도 모른다. 훗날 내가 어른이 되어 향에 끌려 미나리를 먹게 됐을 때 비로소 어머니를 이해할 수 있었다. 그럭저럭 미나리는 나에게 지긋지긋한 나물은 아니었다. 적어도 결혼 전까지는.

남편은 나물 종류를 좋아했다. 육류를 싫어하는 사람들이 다 그렇듯 나물 반찬을 즐겼다. 그중에서도 유독 미나리를 좋아했는데 일상이 바쁜 나로선 손이 많이 가는 그 까다로운 미나리를 손질하는 게 너무 스트레스였다. 예전에 미나리는 거머리도 많았고 지저분해서 아무리 씻어도 깨끗하지 않았다. 미나리를 다듬다가 거머리라도 나오면 질겁을 하고 소리를 질러댔다. 그건 거의 테러 수준이었다. 이런 고충을 아는지 모르는지 야속하게도 남편은 봄이 되면 한끼도 미나리무침을 거르지 않았다. 이른 봄 미나리가 나오기 시작하면 지나가다 미나리만 봐도 가슴이 덜컥 내려앉았다. 그냥 지나치자니 마음이 편치 않았고, 사자니 그 과정이 너무 싫었다. 그 지겨운 미나리나물 반찬 과정을 생각하면 싫은 사람을 만났을 때처럼 진저리가 났던 것도 사실이다. 나의 봄은 미나리 딜레마로 시작되는 듯했다.

그즈음 난 미나리나물 때문에 거의 히스테리가 생길 지경이었다. 남에게 해주는 사람도 있는데 난 왜 그렇게 그걸 못 견뎌 했을까. 지금 생각하면 남편이 날 배려하지 않는다고 생각했기 때문인지도 모르겠다. 미나리나물은 단지 남편이 좋아하던 반찬이었을 뿐인데 나는 거창하게 나를 존중하지 않는 이기주의라고 생각했던 것 같다. 나이 먹은 지금도 살까 말까 미나리 스트레스는 여전한데 봄만 되면 그래도 내 장바구니에는 습관처럼 미나리가 가득하다. 남편이 좋아하는 반찬을 해주는 게 측은지심인 듯 혀를 차면서도 신경질은 더는 안 난다. 남편은 주방을 들락거리며 간도 봐준다. 이즈막 남편은 마트에서 미나리를 사다가 다듬어서 은가락지같이 깨끗하게 씻어 바구니에 산더미처럼 쌓아놓는다. 난 삶아서 무치기만 하면 된다. 젊어서 이렇게 해줬으면 내 미나리 트라우마는 없지 않았을까. 그 시절은 상대방보다 자기 자신을 더 사랑해서 서로를 섭섭하게 했던 것 같다. 그 오랜 세월 동안 먹어온 미나리가 물리지도 않는지 남편은 미나리나물을 여전히 탐한다. 영화 〈미나리〉

주인공 '순자'가 외쳤던 '원더풀 미나리'처럼 남편도 마음속으로 '원더풀 미나리' 를 외치며 먹고 있을지도 모르겠다. 미나리의 효능 때문인지 남편은 대체로 건강하다. 나 또한 오랜 세월 미나리를 다루다 보니 맛있는 미나리 요리법도 알게 됐다. 이제 미나리나물은 내가 좋아하는 반찬 중 하나다. 그러고 보니 나에게도 미나리는 더이상 봄의 딜레마가 아니라 원더풀 미나리이어야 할 것 같다.

요양원 블루스

요양원에서 20년을 누워계시던 동생의 시어머니가 세상을 떴다. 향년 97세였다. 향년이란 말에 울컥했다. 향년이란 살아서 누린 나이를 말하는 건데, 과연 살아서 누린 것이 있는 세월이기나 했을까. 77세에 입원해 그길로 20년을 요양원에서 산 셈이다. 97세라니, 살아있되 살아있었다고 할 수 있을까. 막내아들과 막내딸이 2~3년 사이에 암으로 세상을 떴는데 한동안 가족들은 말을 못했다. 노모는 속도 모르고 막내는 왜 안 오느냐고 섭섭해 했다. 후에 아들, 딸들이 세상 뜬 사실을 알고 죽는 날까지 기도만 했다고 한다. 빨리 아들, 딸 곁으로 데려가 달라고. 죽어지지 않는 목숨을 부여안고 간절히 기도했을 노인을 생각하니 마음이 아팠다.

동생과 통화하는데 수화기 너머로 사람들의 웃음소리가 그치질 않았다. 호상이란 말이 부모에겐 당치 않은 말일 것 같은데도 잔치마당 같은 웃음소리를 들으니 오래 산다는 일에 피로감이 몰려오며 씁쓸했다. 동생의 시어머니 20년 요양원 생활은 어땠을까. 묻히지만 않았지, 이미 일흔일곱 살에 죽은 건 아니었을까. 가물거리는 기억력과 싸우던 일, 싸늘하게 가족들을 몰라봐 애태우던 시간들, 산소호흡기로 연명하던 생명줄, 어눌해진 목소리와 둔한 몸짓. 무의미한 연명치료로 호흡만 겨우 유지하는 억지 장수까지 평균 수명에 포함시킨 백세시대는 재앙이라고 말하는 사람도 있다. 오죽하면 재수 없으면 120세까지 산다는 우스갯소리가 있을까.

104세의 호주의 학자 데이비드 구달은 안락사가 허용 되는 스위스로 가서 베토벤의 〈환희의 송가〉를 들으며 가족들이 보는 앞에서 생을 마감했다. 죽지 못해 아니, 죽을 수 없어 사는 삶은 너무 비참해 구달 박사의 죽음을 이긴 용기가 위대해 보였다. 죽음은 신의 영역이라 감히 거역할 엄두도 못 낼 일이 아니었던가. 음악을 들으면서 죽음을 맞이하는 것은 죽음의 공포와 엄숙함에서 벗어나게 해주고, 오만한 죽음을 휘두르는 여유 같아 멋있어 보였다. 27세에 헤로인 과다 복용으로 요절한 미국의 가수 제니스 조플린이 자기 장례식에 와서 울지도 말고 밤새 춤추고 노래하라고 했을 때, 좀 충격적이었지만 특별해서 따라하고 싶었던 기억이 난다. 영화 〈천년학〉에서 죽어가는 노인 앞에서 흥타령의 〈꿈이로다〉를 부르던 오정해와 나비처럼 흩날리던 벚꽃 잎을 잊을 수가 없다. 죽음과 노래는 아주 별개의 것 같지만 참 친밀하게 어울린다는 생각이 든다. 혼자 가는 길 흥겨운 노래든, 슬픈 노래든 누군가 노래를 불러준다면 무섬증도 아득함도 없을 것 같다. 두려운 영혼이 위로받기에는 음악만 한 것도 없는 듯하다. 우리나라의 상엿소리가 그렇고 서양의 장례식에서 부르는 찬송가도 그 맥락일 것으로 생각된다.

요즘 난 독특하고 흥미 있는 노래에 빠져있다. 슬프지만 안 슬프다. 비극적이지만 흥겹다. 인디뮤지션 '씨 없는 수박 김대중' 이 부르는 〈요양원 블루스〉라는 노래다. 요양원의 한 할머니가 노상 흥얼거리는 노래를 편곡한 것이라고 한다. 가사는 가슴이 찡하고 짠한데 듣고 있으면 어깨가 들썩이며 흥이 난다. 마치 슬픔이 정화되는 듯 위안이 된다.

다 살았네 다 살았어
나이는 많고 다 살았네
죽을 날만 기다리니 얼쑤
어서어서 죽어 저승으로 가서

우리 아들 훨훨 날게 해주시여 주여
어서 어서 죽어 저승으로 가서 얼쑤
우리 아들 딸 훨훨 날게 해주시여 주여 주여

할머니는 손뼉을 치며 한숨을 쉬듯 노래를 부른다.

"이런 사람은 쓸디가 없응게 저승으서 데려가덜 안혀."라며 투덜댄다.

세상 뜨는 일이 저렇게 기쁠 수가 있구나. 꼭 시 제목이 아니라도

참으로 눈물겨운 세상이다.

강릉 매화

3월 중순에 강원도를 여행했다. 평창 동계올림픽이 벅차고 자랑스러워 올림픽 기간에 꼭 가고 싶었지만, 모든 게 여의치 않았다. 추위와 번잡함에 고생할 것 같아 용기가 나지 않았던 것도 사실이다. 패럴림픽이 끝나가자 아쉬움이 산처럼 커졌다. 경기는 못 보더라도 올림픽 시설물이라도 보고 싶었다. 그 바람이 너무 간절했다.

강릉은 멀고 깊었다. 다섯 시간 이상을 달려 도착할 동안 곳곳에 비와 눈과 햇빛이 번갈아가며 교란했다. 먼 길 탓인지 멀미 탓인지 때때로 아득했다. 강릉에 숙소를 정하고 평창으로 가는 길은 눈과 비가 섞여 내렸다. '옥당가'에서 풍상이 섯거

치고 황국화가 피었던 날이 이런 날씨였을까. 일본 삿포로가 부러웠을 때 대관령 생각을 왜 못했을까. 항상 눈에 갇혀 불편한 것만 생각했지 대관령에 쌓인 눈이 이토록 아름다울 줄 몰랐다. 3월에 눈 쌓인 전경이라니. 역시 아름다운 것은 불편한 것을 이기는 것 같다. 지역별 날씨가 이렇게 차이 나는 걸 보니 우리나라 땅덩어리도 대단해 보였다.

평창 올림픽 스타디움과 그밖에 상징적인 건물들은 사진만 찍으며 멀리서 바라봤다. 성화가 타오르던 백자 항아리가 잿빛 하늘을 배경으로 거대하면서 선명하게 남아있었다. 눈을 맞으면서 수호랑과 반다비를 끌어안으며, 혹은 손동작을 흉내내며 연신 사진을 찍었다. 언제 또 올림픽이 우리나라에서 열리겠는가. 이곳에 왔다는 것만도 대단한 의미인 것 같았다. 시설물들을 그렇게 빨리 철거할 수밖에 없었나. 몹시 아쉬웠고 마스코트 인형 하나 사지 못한 것도 섭섭했다. 준비했던 기간에 비하면 너무 서두르는 느낌이었다. 여행 마지막 날 가려 했던 평창을 첫날 다녀온 게 그나마 다행이었다. 정동진역에서 기차를 배웅하며 온몸으로 바다를 끌어안았던 짜릿한 기분도 잠깐. 해가 진 바다는 허연 파도가 마치 이빨을 드러낸 짐승의 모습처럼 섬뜩했다.

강릉의 봄은 오죽헌에서 오는 듯했다. 눈보라가 앞을 가리는 날씨 속에서 매화는 의연했다. 꽃잎을 툭툭 터트려 온몸으로 봄을 드러내고 있는 매화는 남쪽이나 이 추운 강원도나 다를 게 없는 듯했다. 몽룡실 옆에 서있는 오죽헌 율곡매는 신사임당과 율곡 선생이 손수 아끼고 가꾸었다고 전한다. 이 매화나무는 오죽헌 건립 당시인 1400년경에 식재되었다고 하니 수령이 600년을 훨씬 넘긴 게 분명하다. 나는 신사임당과 율곡 선생이 어루만졌을 매화나무를 쓸어보며 600년 전 온기를 느끼려 애썼다. 오죽헌 입구에 피어있던 매화는 벌써 꽃잎이 지고 있는데 율곡매는 아직도 꽃을 피울 생각이 없는지 늙은 몸뚱이에 봄빛만 자글자글했다.

선교장 활래정을 지난 정원에 매화가 흐드러졌다. 어느 때부턴가 매화도 흐드러졌다는 표현을 쓴다. 늙은 매화 등걸에 듬성듬성 피던 고古매화만 생각했던 내게 저렇게 풍성한 꽃은 매화의 절개가 덜 느껴졌다. 낙산사 매화는 불가사의였다. 그 높고 넓고 쓸쓸한 곳에서도 매화를 피워낸 계절이 위대하고 대견했다. 의상대 소나무도 매화 못지않은 절개와 의연함을 지니고 그 긴 세월 변화무쌍한 바다를 굽어보고 있었다. 매화가 있어 봄이 더 찬란해지는 건 아닐까. 온갖 풍상을 다 견뎌내고 향기롭고 고매한 꽃을 피워내는 그 강인함은 봄의 초입에서 세상의 모든 찬사를 들어 마땅하다.

매화의 인내야말로 우리의 귀감이 아닐까 싶다. 섬진강 매화가 구름처럼 피었을 때, 세상 사람 모두가 매화의 품성을 닮고 싶어 남쪽으로, 남쪽으로 갔었다. 가지 못한 사람들은 세상을 한탄하고 시간을 원망했다. 그중 한 사람이 나였지 싶다. 뜻밖의 강원도 눈보라 속에서 매화를 보고 나니 남쪽으로 못 갔던 보상이라도 받는 듯 매화 향기가 더 진하고 도도하다. 온갖 고난을 다 견뎌내고 눈 속에서 피어난 매화처럼 우리의 삶도 시련으로 단련되면 그런 고고함으로 맑아질 수 있을지 모르겠다. 내 남은 삶이 매화를 닮을 수 있다면 눈보라도 두렵지 않겠다.

완주에 빠지다

게으른 여자처럼 길게 누워있는 추석 연휴. 오래 여행할 수 없는 형편이다 보니 막히는 도로에 자유롭고 피곤한 걸 피하려면 나들이하기엔 대둔산 쪽이나 동상면 쪽이 제격인 듯싶었다. 들판은 온통 색을 입고 물드는 중이었다. 허옇게 부대끼며 포개지는 억새, 꽃보다 붉고 풍요로운 감, 겸손하게 고개 숙인 황금의 벼, 그리고 "초록이 지쳐 단풍드는" 나뭇잎은 꼭 시인의 표현이 아니라도 그리운 사람을 그립게 한다.

경천 화암사, 그곳에도 벌써 가을이 물들고 있었다. 시인 안도현이 "잘 늙은 절"이라고 극찬했던 이 작은 절은 사계절 내내 정갈하다. 낡아서 애잔한 우화루의 표정은 담담하다. 말수 적고 가만가만 움직이는 차분한 여자 같은 화암사는 잠시 세상사를 잊고 우화루의 창을 통해 네모난 작은 경치를 하염없이 바라만 보고 와도 좋은 절이다. 고산 미소시장에서 점심을 먹었다. 한우 맛은 부드럽고 고소했다. 저수지를 휘감고 동상면 수만리를 끼고 돌았다. 가뭄 탓인가 위봉폭포의 작은 물줄기가 아쉬웠다. 폭포를 배경으로 사진을 찍고 청량한 바람을 맞으며 나들이의 절정을 느꼈다. 우리 고장에 이토록 수려한 경관의 폭포가 있고 정다운 마을과 운치 있는 절이 지척에 있다는 게 큰 축복 같았다. 해질녘 소양 쪽 갤러리에 들렀다. 예전엔 조용한 갤러리였는데 오랜만에 와보니 명소가 된 듯 사람들로 북적였다. 갤러리 앞 저수지엔 건너편 산이 물속에 빠져 거꾸로 비치고 있었다. 참으로 멋진 풍광에 행복의 실체가 느껴지는 순간이었다. 갤러리에는 거대한 맨드라미 그림이 걸려있었고 모든 그림이 오늘 기분처럼 행복한 색깔들이었다. 완주는 이 보배로운 것들을 모두 숨기고 홀로 겸손했구나. 아니 항상 느끼는 거였는데 오늘 더 빛났는지도 모르겠다.

문화의 도시 완주 '이름값.'

〈완주군, 대한민국 "책 읽는 지자체 대상" 2년 연속 수상.〉 며칠 전 신문 기사를 보고 깜짝 놀랐다. 연휴 때 완주의 매력에 흠뻑 빠졌던 터라 더욱 놀랍고 자랑스럽게 느껴졌다. 이런 상이 있는 줄도 몰랐는데 그런 자랑스러운 상을 2년씩이나 연속 수상했다는 사실에 더욱 놀랐다. 완주군은 민선 6기 3년 동안 도서관 인프라 지속적 확충, 삶의 질을 높이는 교육과 문화생활의 중심 역할, 책 읽는 지식 도시 완주 사업을 통한 민간 협력 활성화, 관 내외 도서관 협력 네트워크 구축 및 지역 주민 독서회 활성화로 주민 역할 강화, 도서관 전문 서비스 등을 추진했고 이에 대한 높은 평가를 받았다. 완주군의 도서관은 작은 도서관을 포함해 현재 총 20관이며 1인당 장서 수는

3.23권으로 세계적인 수준의 도서관 인프라를 구축하고 있다고 한다. 다시 한 번 완주의 매력에 빠져버린다. 놀랄 일도 아니지 싶다. 그 수려한 풍광의 군민이라면 누구든 그런 정서에 묻힐 수 있겠다 싶었다.

미국 평론가 마이틸리 라오는 "한국인들은 책도 읽지 않으면서 노벨문학상을 원한다."라고 지적했다. 그는 한국의 식자율(글을 읽고 쓸 줄 아는 비율)이 98%에 달하고 출판사들은 매월 4만 권의 새 책을 내놓지만 30개 상위 선진국 가운데 국민 1명당 독서 시간이 가장 적은 나라가 바로 한국이라고 꼬집었다. 완주군의 이런 정서와 독서 성과를 마이틸리 라오가 알았다면 좀 민망하지 않았을까. 어쨌든 완주군의 독서 열정을 보면 퇴보하는 한국의 독서문화를 걱정하는 게 왠지 쓸데없는 일처럼 느껴진다. 더구나 완주는 2016년 대한민국 독서 경영 '우수 직장 인증제'에서도 최고 우수상을 수상하기도 했으니 말이다.

이 가을, 더 스산해지기 전에 삼례문화예술촌 안에 있는 책 박물관과 책공방 북아트센터에 가서 다양한 체험과 책의 매력에 빠져보는 건 어떨까. 그리고 근처의 삼례 책마을에 가보면 대형 서점에서는 구입할 수 없는 고서와 사진 등 10만여 점의 도서가 구비되어 있다. 특이한 것은 마을 주민들이 직접 운영하는 작은 서점이 11개나 있다고 한다. 참으로 놀랍다. 이 정도면 미래 노벨문학상 수상자가 완주에서 나올지도 모르겠다.

냉면 그리고 비둘기

냉면집에 불이 났다. 그야말로 긴 줄과 북새통으로 끄지 않아도 되는 불이 난 것이다. 4월 27일 남북정상회담에서 먹었던 평양냉면 덕분에 냉면은 어떻게든 한 그릇쯤 먹고 싶은 음식이었고, 꼭 먹어볼 음식이었다. 나도 냉면 생각이 간절했다. 때 아닌 4월 더위도 더위였지만 너무도 드라마 같은 남북 두 정상의 만남이 꿈만 같았기 때문에 꿈이 아닌 걸 확인하기 위해서 찬 냉면이라도 한 그릇 먹고 싶었던 걸까.

옥류관은 이미 만원이었다. 12시도 되기 전이었는데 냉면을 먹으려는 사람이 구름처럼 모여들었다. 난 사실 예전에는 냉면을 먹을 때 평양이나 함흥식을 따지지 않았다. 칡이나 메밀 등

재료를 따지며 먹었지, 굳이 어디 식을 고집하진 않았다. 그렇지만 이번 냉면은 달랐다. 꼭 평양식 냉면이어야 했다. 그래야 의미도 있을 것 같고 이 분위기를 온전히 느낄 수 있을 것 같기도 했다. 냉면 한 그릇에 온갖 의미를 부여하며 평소와 달리 욕심 사납게 평양냉면, 함흥냉면을 모두 시켜놓고 맛을 봤다. 두 냉면은 깔끔함과 자극적인 게 조화로웠다. 이 냉면을 판문점의 만찬장에 내놓기 위해 두 번의 리허설까지 했다니 놀라웠다. 평양냉면은 이미 평화의 상징이 되었다. 예전엔 평화의 상징이라면 비둘기를 떠올렸는데 이제는 평양냉면이 평화의 상징이 되어버린 듯하다.

요즘, 신문을 펼치면 영화보다 더 재미있다. 사진도 영화 못지않은 광경들이다. 60년 이상 웃지 못한 걸 요 며칠 사이 다 웃어버린 듯, 어디를 봐도 파안대소다. 한바탕 꿈을 꾸고 있는 듯 도무지 믿기지 않는다. 김정은 북한 국무위원장의 모습은 젊다기보다는 그냥 어리고, 과장되게도 순전해 보이기까지 했다. 그간의 행위로 보면 순전하다는 표현이 좀 과할지 모르지만 그저 우리가 아는 북한의 살벌함은 없어 보였다. 오랜 지인처럼 별반 두려움은 없었다. 크게 웃는 모습과 화동들을 다독이는 모습은 북쪽 사람임을 잠시 잊게 했다. 사실 우리 나이쯤 되면 반공 방첩 표어에 진저리를 치는 사람들이다. 끊임없이 다가오면서 공격하고 땅굴로 기만했고 결국에는 핵으로 위협했던 생각을 하면 북한은 우리와는 완전히 다른 괴물쯤으로 믿고 있었다. 평창올림픽 즈음엔 전쟁의 위협에 시달리며 피난배낭을 준비하지 않았던가. 올림픽 성화 봉송에 남북한 선수가 나란히 계단을 오르는 장면을 보면서 잠깐 생각했다. 만약 천국에 계단이 있다면 저런 모습이었을 거라고—.

모든 것은 순식간인 듯 빠르게 진행됐다. 올림픽이 끝나고 남한예술단이 방북해서 공연을 하고, 그걸 TV로 보면서 비로소 알았다. 북한엔 괴물이 사는 게 아니고 예쁜 사람들이 살고 있다는 걸. 그들은 박수로 환호하고 웃음으로 화답하며 그지없이 평화로웠다. 그리고 4·27 남북정상회담. 그야말로 한반도에 봄이 온 것이다. 4월 초순부터 여름처럼 덥더니 4월 하순에 다시 올 봄을 위해 잠시 여름으로 위장하고 있었던 건 아니었을까. 그동안 북한의 영부인은 항상 베일에 싸여 전설의 인물처럼 사진으로만 봐왔는데 김 위원장의 부인 리설주 여사는 조신하고 명랑했다. 살구색 투피스 차림의 그녀가 가만가만 움직일 때마다 그 화사함에 잠시 눈부셨다. 김정숙 여사의 유쾌한 모습에 행복의 파편이 튀는 건 어쩔 수 없는 일이었다.

아아. 동행이 곧 통일이라고, 그저 나란히 걷는 이 봄 길이 왜 이리 눈부시고 아름다운지 모르겠다고 외치던 어느 작가는 남과 북이여 그저 걸어가자, 동행하자고 했다. 이제 동행할 채비가 시작됐고 머지않아 같이 걸어갈 것이다. 이제 신뢰를 집중적으로 구축하는 일만이 남아있다. 한반도에 봄이 무르익어 금강산에서 평양냉면을 먹어보는 소원을 품는 건 어쩜 너무 성급한 일인지도 모르겠다. 그러나 이런 소원은 전 국민이 한 번쯤 품어봄직한 소원이 아니겠는가. 평양냉면의 부드럽고 구수한 맛처럼 남북한의 모든 문제들이 유연하게 술술 풀렸으면 하는 바람이다.

갈 수 없는 땅

판문점 견학 신청을 해놓고 설렜다. 아니, 두렵고 망설여졌다. 가고 안 가고의 결정은 내가 하는 것이니 부담은 없을 듯했는데, 서류에 하자가 있어 가고 싶어도 갈 수 없는 곳이 판문점이라는 걸 알고 꼭 가야겠다는 쪽으로 마음이 기울었다. 지난 2018년 4월 27일. 남북정상회담이 있었을 때, 남북 분계선을 두 정상이 함께 넘고, 기념 식수를 하고, 평양냉면을 대접받았다. 도보 다리에서 친밀하게 앉아 이야기를 주고받던 모습이 다리의 파란색만큼이나 평화로웠었다. 어제 일인 듯 선명한 그 도보 다리를 꼭 가보고 싶었다. 회담이 끝난 이튿날, 평양냉면집에 구름처럼 인파가 몰려들었다. 냉면을 먹으면서 평화의 조짐을 느끼며 들떴던 생각이 났다. 이때, 평화의 상징은 비둘기가 아니라 평양냉면인 듯했다.

판문점 견학이 있던 날, 종일 비가 내렸다. 판문점은 멀고 깊었다. 우중에서 보는 모든 것들, 그것은 우수에 젖은 듯 더 검고 선명했다. 갈 수 있는 땅과 갈 수 없는 땅은 포개져 있었다. 갈 수 있는 땅은 왕복 12시간이 걸려도 가고 싶어 했고, 갈 수 있었고 돌아올 수 있었다. 갈 수 없는 땅은 손을 길게 뻗으면 닿을 듯 가까웠지만 갈 수 없고 닿을 수 없어 애달팠다. 노란 선, 하얀 선 그 아슬아슬한 선들은 긴장의 연속이었다. 빗속에서 우산 없이 미동도 없이 서 있는 우리 군인들은 갈 수 없는 땅을 향해 서서 긴장했고, 갈 수 있는 땅에 서서 안도하는 듯 보였다. 그렇게 빗속에 서 있는 우리 요원들이 너무 비현실적이어서 왜 서 있는지조차 잠깐잠깐 잊고 있었다.

3분의 사진 촬영 시간이 무의미했다. 기념할 곳들은 TV에서 지치도록 봤던 곳이다. 내가 찍혀있다고 별반 달라질 것도 없었다. 도보 다리의 선명한 파란색이 희망을 주는 듯했는데 2018년 4월 27일 기념 식수를 보니 모든 게 허망했다. 군사 분계선을 넘던 문재인 대통령과 김정은의 웃음소리가 너무 선명해서 그 떨림이 아직도 남아있는 듯한데, 다시 원점이라고 생각하니 가슴이 답답했다. 벼가 익어 노랑 노랑 하던 들판도, 비에 젖어 초록으로 떨고 있던 숲도 갈 수 있는 땅의 일이고 갈 수 없는 땅의 일이었다.

빗속의 판문점은 무심했다. 아무도 없는 듯한데 갈 수 없는 땅을 향해 얼굴을 가리고 시선을 감추기 위해 햇빛이 없음에도 선글라스를 끼고 있는 젊은 요원들이 안쓰러웠다. 보고 싶은 것, 먹고 싶은 것, 생각하고 싶은 것도 많은 젊디젊은 나이의 요원들을 부모의 마음으로 작별하고 오면서 오래오래 가슴이 아팠다. 갈 수 없는 땅은 없다. 아니 갈 수 없는 땅이 있어서는 안 된다. 갈 수 없는 땅이 갈 수 있는 땅이 되는 것, 그건 평화통일일 것이다. 왔다 다시 돌아갈 수 있는 이 강토가 너무 고맙고 소중했다. 그리고 간절히 빌었다. 갈 수 없는 땅과 갈 수 있는 땅이 합쳐져 선의 긴장 없이 색깔의 표시 없이 헐겁고 편안한 땅이 되기를. 얼굴을 가리고 시선을 숨기는 선글라스가 필요 없는, 언제든 갈 수 있는 땅, 자유의 나라가 되는 날이 어서 빨리 올 수 있기를.

5.
세상의 온도

함박눈 김치 / 진혼곡 혹은 쑥대머리 / 맛잡아야 아름답다
시든 꽃 / 세상의 온도 / 우울한 스승의 날 / 화양연화

함박눈 김치

떡볶이 떡을 보자 서울에 있는 딸이 못 견디게 보고 싶었다. 지난 추석에 보고 몇 달을 못 보고 있다. 딸은 떡볶이를 좋아한다. 매일 먹고 싶어 할 정도다. 덕분에 난 떡볶이 박사처럼 맛있는 떡볶이를 해낸다. 딸과 함께 땀을 뻘뻘 흘리며 맵고 달콤한 떡볶이를 먹고 싶었다. 난 결국 서울에 갔다. 즉석 떡볶이란 이름의 전골 같은 떡볶이를 사 먹고 딸과 서울 구경에 나섰다. 다 끝난 줄 알았던 가을은 떠나기 아쉬운 듯 덕수궁에 붉고 노란색으로 아직도 남아 있었다. 석조전 앞에서 잠시 우울했다. 불우했던 고종 때문이었을 것이다.

딸이 안내한 작은 미술관.

놀랍게도 그곳에선 '벨벳 언더그라운드'의 〈페일 블루 아이즈〉가 들려왔고 보라색 바나나가 그려진 '앤디 워홀' 의 작품이 전시되어 있었다. 통증처럼 이어지는 탬버린 소리는 〈워홀 음악을 그리다〉란 전시 제목처럼 슬픔을 표현하는 듯 아프게 들려왔다.

서울 타워의 전망대에서 본 야경은 서울 여행의 정점인 듯싶었다. 그리고 아침에 커튼을 걷었을 때, 온천지에 눈이 내리고 있었다. 첫눈이었다. 서울의 첫눈. 비바람과 함께 수선스럽지 않고 차분하고 소담스럽게 내리는 눈을 바라보며 안도현의 〈우리가 눈발이라면〉이라는 시를 생각했다.

우리가 눈발이라면
허공에서 쭈빗쭈빗 흩날리는
진눈깨비는 되지 말자.

세상이 바람 불고 춥고 어둡다 해도
사람이 사는 마을
가장 낮은 곳으로
따뜻한 함박눈이 되어 내리자.

함박눈은 푸근하고 정다워, 보고 있으면 저절로 따뜻해진다. 요즘 함박눈의 따뜻함으로 다가오는 온정이 계속되는데 그건 바로 사랑의 김장 나누기인 것 같다. 11월 내내 신문에서 김장 봉사 사진을 거의 매일 볼 수 있었다. 찬바람이 불고 을씨년스러운 날씨가 계속되면 누구라도 김장 걱정을 하게 된다. 아무리 먹을 게 풍성해진 요즘이지만 겨울엔 김장김치가 있어야 안심이다. 첫눈을 바라보면서 첫눈의 로맨틱한 정취보다 김장도 안 했는데 벌써 눈이 오는가 싶어 은근히 걱정이 됐다. 눈이 쌓이면 어쩌나, 행여 배추라도 얼어버리면 어쩌나, 이것저것 조바

심이 났다. 김장을 안 하고 산 지 꽤 오래됐는데도 김장철만 되면 내가 하는 김장도 아니건만 마음이 급하다.

결혼해서 내내 친정과 시댁에서 김치를 보내왔다. 이제는 두 어머니께서 연로하셔서 김치가 오지 않는다. 어머님께 오히려 김치를 보내 드려야 할 형편이다. 다행히 우리 입맛에 맞는 지인의 집에 해마다 김장을 주문한다. 비용을 지불하고 있기는 하지만 그 번거로운 작업을 생각하면 먹을 때마다 고맙고 다행스럽다. 그래서인지 무료 김장 봉사는 항상 놀라운 은총처럼 느껴진다. 100포기, 200포기 하는 것도 아니고 1000포기 2000포기 이런 단위로 하다 보니 일손도 많이 필요하고 재료비도 만만치 않을 것이다. 이 모든 것들이 모두 봉사와 기부에 의해서 이뤄진다고 생각하면 이 세상이 더는 쓸쓸하거나 삭막하지는 않은 것 같다. 불우한 이웃에게는 겨우살이 준비가 큰 부담일 수도 있다. 그런 이웃에게 김장을 나눈다는 것은 추운 겨울을 따뜻하고 맛있게 보낼 수 있는 가장 요긴하고 감동어린 선물인 것 같다.

김치를 선물 받는 고마움은 받아보지 않은 사람은 잘 모를 것이다. 내가 김장을 안 하는 걸 웬만한 사람은 다 안다. 그래서 김장철이 되면 여기저기서 김치 선물이 온다. 많고 적고를 떠나서 정성어린 김장김치가 오면 몸 둘 바를 모르겠다. 어떤 때는 주문한 김치보다 더 많을 때도 있다. 난 김치를 냉장고에 넣기 전에 모든 김치를 하나하나 꼭 맛을 본다. 그건 정성을 먹어보는 것이고 사랑을 확인하는 작업이다. 그리고 포스트잇에 김치 보낸 사람 이름을 써서 김치 통에 붙여둔다. 그래야 그 수고로운 김장을 맛있게 먹으면서 보내준 사람의 고마움을 두고두고 기억할 수 있기 때문이다. 김치는 그런 것이다. 뚝딱 돈 주고 사다 줄 수도 없는 것이고, 마음이 없이는 덥석 퍼 줄 수는 더욱 없는 것이다.

해마다 김장을 보내오는 후배 문인이 있다. 결혼한 딸들 챙기랴, 식구들 먹을 것도 벅찰 텐데 항상 나를 챙긴다. 손이 크고 푸진 사람이라 그런지 통에 옮겨 담으면 꼭 두 통 남짓이다. 친정엄마처럼 살뜰한 후배를 생각하면 고맙다 못해 송구한 마음이 산만큼 크다. 그 마음은 김치를 다 먹을 때까지 계속된다. 김치 선물 받은 불우이웃도 내 마음과 같을 것이다. 함박눈처럼 푸근하고 따뜻한 김장봉사가 위대하고 아름다운 건 사람 냄새가 진동하기 때문이다.

진혼곡 혹은 쑥대머리

판소리 동호회 두루회 회원이었던 이상재 선생이 세상을 떴다. 그의 부음을 들은 건 바람이 몹시 부는 토요일 오후였다. 향년 61세였다. 세상을 떠나기엔 너무 아까운 나이였다. 암수술 후 완쾌되어 새 세상을 만났다고 격한 어조로 새로운 삶을 예찬했었다. 찬 맥주를 마시며 특유의 유머로 좌중을 압도했던 일이 며칠 전 일처럼 선명해 허망했다. 백 세를 산다는 세상에서 살아서 누린 시간이 60년 남짓이라고 생각하니 백 세란 말이 현실감 없이 떠다녔다. 저녁시간까지 내내 기운을 차릴 수가 없었다. 건장하고 유쾌하던 사람이 한순간 다시는 볼 수 없는 먼데로 갔다고 생각하자 그 먼 곳이 어디쯤인지 가늠이 안 돼

아득했다. 어떻게 해도 그의 이른 죽음을 이해할 수 없었다. 그러나 죽음은 이해하는 게 아니고 받아들이는 것인지도 모른다.

난 조문을 잠시 미뤘다. 애통한 마음 같아서는 당장 가고 싶었지만 그가 없는 곳에서, 한 번도 본 적이 없는 사람들에게 내가 누구인지를 설명하는 일이 고통스러웠다. 무거운 몸을 끌고 집에 오니 딸이 삼겹살을 굽고 있었다. 차갑게 죽은 사람도 있는데 고기라니. 처음엔 불쾌하고 싫더니 고소한 듯 기름진 냄새를 맡다 보니 뭔가를 마구 씹고 싶었다. 그건 혐오의 기분을 넘어 너무 절실해서 사무치는 느낌이었다. 난 약간의 고기를 먹었다. 목이 메었다. 고기를 씹으면서 내가 살아있음을 느껴야 했다. 그게 힘들었다. 고기의 맛은 느껴지지 않았으나 뭔가를 씹어 삼키고 나니 먹먹하던 슬픔과 허무함이 풀어지며 기운이 나는 듯했다. 그러나 질정 없이 흔들리는 마음은 다잡지 못했다.

그가 부르던 쑥대머리가 환청처럼 들려왔다. 그를 처음 만났던 곳도 소리 모임이었으니 그와 판소리는 떼놓을 수 없을 듯하다. 바쁜 일정을 쪼개 내던 시간이라 자주 볼 수는 없었지만 그가 나오는 날은 언제나 떠들썩하며 행복의 파편이 튀는 듯 소란스러웠다. 거구의 그가 너털웃음을 웃으면 그의 눈이 작아지며 얼굴이 온통 커다란 꽃송이처럼 환했었다. 모든 사람에게 즐거움을 주며 유정했던 그가 떨어진 꽃처럼 아깝고 아쉬웠다.

전전반측 잠을 못 이루니
호접몽을 꿀 수 있나

춘향이 이도령을 그리워하며 전전반측 잠을 못 잤듯이 우리도 한동안 그가 그립고 그리워 잠을 잘 수도 꿈을 꿀 수도 없을 것 같다.

그의 장지가 소양에 있는 송광사라 했다. 송광사라면 멀고 깊지 않아서 좋았다. 유독 꽃이 많던 송광사에 그가 안식할 수 있어서 다행이다. 주삿사바늘 꽂을 데가 없어 발가락까지 주사를 맞았다니 얼마나 고통스러웠을까. 다 지나갔으리라.

새벽녘 진혼곡을 바치듯 그를 생각하며 쑥대머리를 불렀다.

쑥대머리 귀신형용
적막 옥방의 찬 자리에
생각난 것이 임뿐이라
보고지고 보고지고 보고지고
한양낭군을 보고지고

이화일지 춘대우로 내 눈물을 뿌렸으니
야우문령 단장성에 비만 많이 와도

임의 생각

울컥하며 눈물이 쏟아졌다. 춘향은 올 수 있는 이몽룡을 기다렸지만 우리는 올 수 없는 그를 기다린다. 그러나 보인다고 다 사랑하지 않듯, 보이지 않는다고 사랑하지 않는 건 아니다. 그가 없어도 아니 그가 없기 때문에 더욱 사랑할 수밖에 없다. 그는 우리 가슴속에 남아 지워지지 않는 문신처럼 때론 선명하게 때론 희미하게 우리를 마주할 것이다. 천년이 지난 듯 벌써 그가 보고 싶다.

고 이상재 선생님의 명복을 빕니다.

맞잡아야 아름답다

인디언들은 11월을 '다 끝나지만은 않은 달'이라고 했다. 그래서였을까 11월엔 느긋했었다. 아직도 12월이 멀게 느껴졌고 뭐든 마무리할 시간이 충분하다고 생각했었다. 그러나 어느새 한 장의 달력만 남아있다. 그야말로 하루하루가 귀한 12월이다. 그마저 송년회로 시간을 다 보낼 지경이다. 송년회에서 돌아오면 마음은 허허롭고 아쉽다. 푸근하고 따뜻하게 같이할 게 없을까 생각하다가 크리스마스트리를 만들어보기로 했다. 집에 있는 커다란 해피트리에 트리장식을 했다. 꼬마전구를 나무 전체에 감아 늘어트리고 금색의 작은 볼과 빨강의 커다란 볼을 주렁주렁 매달으니 초록의 잎사귀와 잘 어울렸다. 거기다

꼬마전구가 명랑하고 사교적으로 반짝이니 크리스마스 기분이 나며 온 집안이 따뜻해졌다.

2017년 한 해는 뭔가 답답함에서 해방된 듯 억울함은 없었던 것 같다. 잘될 거라 기대하며 마음을 다잡으니 크게 분할 것도 없고 뭔가 응원하는 마음이 더 컸다. 내게 2017년은 그럭저럭 다행스런 한 해였다. 나들이 길에 사고를 당해 무릎 부상으로 몇 달을 고생했지만 회복이 순조로워 큰 무리는 없었다. 그리고 세 번째 수필집 《낮술 환영》을 출간했다. 《낮술 환영》은 두 번째 수필집 《달을 마시다》 출간 후 5년 만에 낸 수필집이다. 3년간 새만금일보에 연재했던 다수의 칼럼과 생활에서 찾은 따뜻한 이야기와 세상에 대한 쓴소리를 버무린 작품들이 특징이다. 내가 나이 들었다는 징조 같다. 그러나 톡 쏘는 맛도 있어 아주 늙은 글은 아니다. 2017년은 문학적 성과로 보면 더할 나위 없이 뿌듯하고 영광스런 한 해였다고 생각한다. 그리고 새만금일보 오피니언을 통해 작은 목소리를 낼 수 있었던 것도 큰 보람이었다.

그 영광을 시샘이나 한 듯 십일월 중순에 오른쪽 손가락뼈가 부러지는 부상을 당했다. 끝마디를 다치는 바람에 수술도 할 수 없고 그냥 뼈가 자연스럽게 붙기를 바라는 상태다. 일 년 이상 지나야 정상적으로 돌아온다고 한다. 굉장히 조심스럽고 힘이 든다. 사람들은 좋은 일이 있으려면 항상 액운이 따르기 마련이라며 액땜했다고 생각하라고 말한다. 왼손으로 머리를 감고 화장을 지우고 눈썹을 그릴 수 있다는 게 경이롭기까지 했다. 왼손의 어눌함이란 겪어보지 않은 사람은 모를 것이다. 왼손이 하는 일은 더디고 하염없었다. 왼손이 부자연스러우니 나도 모르게 오른쪽 엄지, 검지를 사용해서 왼손을 맞잡아 거들었다. 다섯 손가락을 다 써서 해야 할 일들을 두 손가락만 사용하니 힘들고 버거워서 팔 전체가 당기며 아팠다. 저릿하고 쑤시는 통증이 만만치가 않았다. 혼자는 얼마나 힘들고 외로운가. 서로 맞잡고 해야 할 일들을 왼손에게만 맡기니 삐뚤빼뚤, 울퉁불퉁, 젓가락질은 엄두도 못 내고 포크로 꼭꼭 찍어먹는 모양새가 부끄러웠다. 손가락 하나 부상에도 이렇게 조화롭지 못하니 어느 조직이나 단체의 불균형은 치명적일 수밖에 없을 것 같다. 어려울수록 서로 맞잡고 격려하고 도와야만 제대로 이어갈 수 있다는 건 변할 수 없는 진리인 것 같다. 바보처럼 그 평범한 걸 다치고 나서야 더욱 절실히 느꼈다. 백지장도 맞들면 낫다고 했던가. 손가락 부상이 아니었으면 왼손이 맞잡아줘야 오른손이 더 빛난다는 것을 모를 뻔했다. 한 해 동안 다리와 손 부상으로 느꼈던 건, 걸을 수만 있으면 어디든 가서 성한 두 손으로 뭐든 할 수 있을 것 같았다. 그래서 다리만 다치지 않으면 다행이라고 생각했었다. 그러나 정작 손을 다치고 보니 어디든 갈 수는 있었지만 가서 아무것도 할 수 없는 난감

한 경우가 더 많았다. 어느 것이 반드시 옳다는 생각은 그래서 위험한 것 같다. 새해에는 편견을 버리고 맞잡고 도모하는 일이 더욱 많아졌으면 좋겠다. 또 남의 어려움을 내 것처럼 다독이는 한 해여도 좋을 듯하다.

시든 꽃

지난 주말, 조카 결혼식이 있었다. 호텔은 온전히 꽃세상이었다. 수국, 글라디올러스, 백합. 그밖에 이름을 알 수 없는 수많은 꽃이 구름처럼 하얗게 장식되어 있었다. 꽃이 너무 많아 조화려니 생각했다. 그러나 문득문득 맡아지는 꽃향기가 있어 자세히 살피며 만져보니 작은 꽃 한 송이까지 모두 생화였다. 세상에., 이 많은 꽃이 전부 생화라니. 꽃값이 많이 들었겠다는 현실적인 생각에 갑자기 환상이 깨지는 듯해 픽 웃음이 나왔다. 꽃은 온통 흰색이었다. 순백의 결혼식장이 환하고 깨끗해서 좋긴 했는데 살짝 아쉬웠다. 분홍색 꽃이 섞였더라면 좀 더 새콤달콤한 분위기가 아니었을까 해서였다. 그러나 결혼식을 축하하기 위해 꾸며놓은 꽃장식이었으니 색깔은 아무래도 좋았다. 신부가 화이트를 워낙 좋아해서 정해진 콘셉트라니 축복할 일이다. 꽃도 아름답지만 신랑 신부가 꽃 못지않게 눈부셔서 흐뭇했다. 난 조카 부부가 부디 흰 꽃처럼 얼룩 없이 순수한 초심을 유지하며 결혼생활을 이어가길 간절히 빌었다.

예식이 끝나고 식사시간 도중에 전갈이 왔다. 식장 안의 꽃 중에서 마음에 드는 꽃이 있으면 가지고 갈 수 있도록 포장을 해준다는 것이었다. 꽃을 골라 로비로 가져갔더니 전담 플로리스트들이 꽃을 예쁘게 포장해 주고 있었다. 역시 꽃을 받는 건 행복한 일인 것 같다. 난 욕심스럽게 꽃다발을 여러 개 만들어 왔다. 수국은 크리스털 꽃병에 꽂아 책상에 두고 글라디올러스는 노란 꽃병에 꽂아 거실장에 올려놨다. 그밖에 꽃들은 식탁과 거실 곳곳에 두었다. 눈송이같이 흰 꽃 무더기를 바라보고 있자니 갑자기 귀족이라도 된 듯 도도한 기분까지 들었다. 집안에 이토록 많은 꽃을 둔 적이 없었기 때문인지도 모르겠다.

이틀이 지나자 뚝뚝 꽃들의 고개가 꺾였다. 화무십일홍이란 말이 무색할 지경이었다. 하루가 더 지나니 꽃잎이 우수수 떨어지고 백합은 누렇게 변했다. 시든 꽃은 음식물 쓰레기에 버려야 하나? 그러기엔 꽃대와 오아시스, 꽃을 싼 종이까지 버려야 할 게 너무 많았다. 전에는 시든 채 말려서 일반 쓰레기에 버렸는데 이번엔 꽃의 양도 많고 상한 냄새가 너무 심해 말릴 수도 없었다. 20리터 봉투에 한가득 담긴 시든 꽃은 어느새 애물단지가 되어 있었다. 떨어진 꽃잎을 치우고 꽃병을 씻어 말리고 주변을 청소하고 나니 꽃을 보며 행복했던 잠깐의 시간에 비해 노동의 대가가 만만치 않아 씁쓸했다. 사람도 시들면 이처럼 귀찮은 존재가 될까. 갑자기 쓰레기봉투에 담긴 시든 꽃이 꽃들의 일만은 아닌 듯 가슴이 철렁 내려앉는다.

때때로 난 나를 말할 때 어중간한 나이와 젊음을 달리 표현

할 말이 없어 반 시든 꽃이라 말한다. 완전히 시든 꽃은 되기 싫은 까닭이다. 반 시든 꽃은 물을 뿌려주거나 햇빛을 피해 서늘한 곳에 두면 다시 생기를 되찾는다. 비참한 모습으로 폐기되는 시든 꽃과는 달리 기적까지는 아니라도 경이로운 반전이 있어 설렌다. 꽃이 시든다는 건 시간의 현상일 뿐 꽃의 본질이 아주 변하는 게 아니라고 생각하면 그렇게 탄식할 일도 아니다. 순환의 섭리 같은 거라고 이해하면 크게 애달플 일도 아니지 싶다. 영원히 시들지 않는 꽃은 이미 꽃이 아닐 터. 피고 지고, 다시 돌아오는 게 꽃의 순리 아니겠는가.

세상의 온도

십 년 전, 신문에서, 검은 피부와 커다란 눈동자에 굶주린 아동 사진을 보고 거의 충격에 빠졌었다. 그리고 내가 돕지 않으면 안 될 것 같은 절대적인 감정을 느꼈다. 난 후원 단체를 수소문했다. 신문 사진 속 아이는 이미 결연이 됐다고 했다. 난 여러 번의 상담을 통해 흑진주 눈동자를 가진 여자아이와 일대일 결연을 맺을 수 있었다. 그렇게 다섯 살 아미나는 나에게 왔다. 에티오피아 토코라는 작은 마을에 사는 아미나 페딜루는 이제 열다섯 살이 됐다. 내가 후원하는 얼마의 돈으로 깨끗한 물을 마시고 학교를 다니고 의료혜택도 받는다. 아미나가 좋아하는 과목은 영어라고 한다. 난 아미나 페딜루가 따뜻한 성품을 지니고 파격의 멋을 아는 여유 있는 사람이 되길 바란다. 기부라는 말이 무색할 정도의 적은 액수로 몇 군데를 후원하고 있는 난 그 미미한 액수를 생각하면 항상 부끄럽다. 그래서 커다란 액수의 돈을 척척 내놓는 사람이나 익명으로 기부하는 사람을 보면 너무 훌륭해 보여 남몰래 경의를 표한다.

세상은 이영학 사건으로 들끓고 있다. 일명 어금니아빠로 불리는 이영학에게서 제발 아빠란 단어를 떼어버렸으면 좋겠다. 그를 어금니아빠로 부를 때마다 불편하고 불쾌해서 소름까지 돋는다. 누군가의 아빠라는 사람으로서는 차마 그럴 수 없을 것 같다. 우리는 악마를 보고 있는 것이다. 예전엔 흉악범의 얼굴을 가려주면 흉악범에게 무슨 인권이냐고 얼굴을 공개하라고 분개했었는데 이영학의 얼굴을 본다는 건 너무 끔찍해서 구역질이 날 지경이다. 제발 그의 얼굴을 모자이크 처리했으면 좋겠다. 그런 악마의 얼굴을 계속 봐야 한다는 게 고통스럽다. 그는 딸을 위해 못할 것이 없을 것처럼 그간 언론을 우롱하고 시청자를 기만했다. 그런 파렴치한을 위해 단돈 10원이라도 기부했다고 생각하면 진저리가 날 것 같았다. 그런 인간이 불치병을 치료를 받았다고 해도 기부한 돈이 아까울 텐데 치료는 고사하고 허영과 사치와 몹쓸 짓으로 후원금을 다 탕진했다고 생각하면 얼마나 분하고 억울할까. 오죽하면 기부포비아란 말이 나왔을까. 그런 사람에게 기부했다는 자체가 이미 공포가 될 만도 하다. 딸을 팔아 후원금을 모아 그런저런 일에 써버렸다고 생각하니 그의 뻔뻔함에 다시 한 번 치가 떨린다. 그리고 생존의 문제로 후원금이 절실한 다른 어려운 사람들에게 너무 미안하다. 모든 만남은 우연이 아니라고 한다. 이영학을 후원했던 사람들은 얼마나 뿌듯해하며 그의 가족들을 염려했을까. 따스함을 그런 식으로 배반했다고 생각하니 도저히 용서가 안 된다. 그 많은 후원자들은 또 얼마나 상처를 받았을까. 그렇게 마음을 다친 사람들에게서 또 다른 후원을 기대하기는 어려울 것 같다.

나눔은 중독 같아서 한 사람을 후원하다 보면 또 다른 어려운 사람을 돕고 싶고 나로 인해 행복해지는 사람이 있다는 게 너무 뿌듯해 더욱 많은 사람과 나누고 싶어진다. 이번 사건으로 그런 마음에 불신을 키우고 후원금의 사용처를 알고 싶어 하는 사람이 많아졌다고 한다. 이런 불신의 분위기는 결국 삭막하고 메마른 사회를 만들 것이고 소외된 사람들은 더욱 쓸쓸해질 것이다. 너무 염려되고 안타까운 일이다.

온 천지가 가을의 한복판에 있다. 이 풍요롭고 다채로운 계절에 복되고 희망찬 얘기만 해도 아쉬울 판에 악마에게 휘둘리고 있다고 생각하니 분하다. 날씨는 점점 추워지고 바람은 삭막해지는 겨울이 다가오고 있다. 어려운 사람들은 추위와 외로움을 더 느끼게 되는 고통스러운 계절이기도 하다. 이영학으로 인해 잠시 싸늘해졌던 마음을 주변의 힘든 사람들에게 다시 돌려보면 어떨까. 이럴 때일수록 악마를 무시하고 천사를 알아보는 밝고 따뜻한 눈이 많아졌으면 좋겠다. 손을 잡으면 따뜻함이 느껴지고, 잘 알지 못하는 사람과도 친구가 될 수 있다. 그런 만남이 많아질수록 우리가 사는 세상의 온도는 더욱 올라가 한층 따뜻해질 것이다.

우울한 스승의 날

내가 여고생이었을 땐 모든 선생님들이 이십대였던 걸로 기억한다. 아니, 꼭 이십대가 아니었는지 몰라도 모두 젊고 근사했었다. 세련된 옷차림, 멋진 목소리, 정의로운 말씀, 적당한 위엄까지 뭐 하나 설레지 않는 게 없었던 것 같다. 굵은 저음에 달콤한 서울 말씨, 잘생긴 얼굴로 언제나 주머니에 한 손을 넣고 수업을 하시던 독특한 모습의 사회 선생님, 큰 키에 생기 있는 목소리와 절도 있는 몸가짐으로 화통하셨지만 우리를 늘 긴장시키고 압도했던 매력적인 교련 선생님, 껌 씹는 학생을 제일 싫어했던 한문 선생님, 여자 팔자 뒤웅박 팔자란 말을 발작적으로 싫어했던 화학 선생님, 장관 부인 되려면 3년 열심히 공부하고, 엿장수 부인 되려면 3년 열심히 놀라고 협박(?)을 하시던 영어 선생님. 아마 선생님들은 우리가 식민지적인 삶을 사는 여자가 되지 않기를 바라는 마음이 간절해서 그러셨을 것이다. 다 그립고 아련한 추억 속의 은사님들이시다. 더이상 볼 수 없으므로 이미 고인이 되신 은사님이 더욱 애틋하고 그립다. 그 진한 사랑과 따끔한 가르침 속에서 울고 웃던 시간이 애틋해서인지 올해 스승의 날은 유난히 옛 은사님들이 뵙고 싶다. 스승의 날은 언제나 이팝나무 꽃과 함께 오는 듯하다. 올해는 꽃이 너무 빨리 피는가 싶더니 자취도 없이 사라지고 초록 잎만 무성하다. 이팝나무 꽃을 볼 때마다 그 수북함에 놀라는데 마치 넘치도록 푸짐하게 한가득 피는 이팝나무 꽃처럼 스승님의 은혜에 감사하라는 의미로 느껴진다.

"스승의 날이 일요일이라 오히려 속 편하네요."

신문을 뒤적이다 발견한 스승의 날 기사 제목이다. 안타까움에 가슴이 무지근하다. 우리는 왜 스승의 날 선생님 가슴에 카네이션을 달아드릴 수 없는 걸까.

우리 집 낡은 앨범엔 아주 특별한 흑백사진 한 장이 있다. 내가 중학교 다닐 때 사진인데 운동장에 천막을 치고 스승의 날 행사 중 찍은 사진이다. 친정 엄마가 올림머리를 하고 한복을 곱게 차려입고 교장 선생님께 꽃다발을 전달하는 사진이다. 어머니의 여고 은사님이 우리 학교 교장선생님으로 부임하신 해, 어머니가 마련하신 자리였다. 지금 생각해도 참 흐뭇하고 귀한 모습이었다. 아니, 스승의 날 기념이라고 쓰인 하얀 천막이 더 귀한 모습인지도 모르겠다.

내 아이의 생애에 가장 영향력 있는 사람은 선생님이 아닐까 항상 생각한다. 그 예민한 시기에 물론 책도 좋고 문화도 중요하겠지만 선생님의 따뜻하고 때론 따끔한 말 한마디가 아이의 인생에 큰 의미로 작용할 거라 생각하면 선생님이 얼마나 귀한

지 선생님께 드리는 선물은 아까울 게 없을 것 같다. 물론 큰 액수의 돈과 선물은 무리겠지만 또 그런 선물을 덥석 받을 선생님이 몇 분이나 되겠는가. 세상이 변해서 선생님도 못 믿을 세상이 됐다지만 그래도 선생님 말씀에 귀감을 얻고 선생님 표정에서 위안을 받고 선생님의 가르침에 인격이 형성되는 건 예나 지금이나 크게 다르진 않을 것이다. 어쨌든 그립다. 스승의 날에 카네이션을 들고 조심스레 등교하던 아이의 들뜬 모습, 은사님께 점심 대접을 하기 위해 정갈한 음식점 앞에 무리 지어 서있던 순수한 제자들의 살뜰한 모습. 당연한 것들이 왜 이렇게 어렵고 힘든 일이 돼버렸는지 참 우울하다.

내 주변엔 교사가 많다. 물론 직업이라 생각하면 여느 직장인과 다를 바 없을 것이다. 그러나 그들의 일과는 너무 수고롭고 보배롭다. 아이들을 안전하게 보호하고 행복하게 간수하고 선생님은 아이들의 위안이자 멋진 파수꾼이다. 그런 그들이 존지를 생각하고 근사한 선물을 기대하고 있다고 상상하는 건 너무 죄송하다. 종이컵에 물 한 잔 떠놓고 학부모와 상담하는 게 익숙해졌다는 우리들의 선생님들. 그 냉수만큼이나 맑고 깨끗한 마음 존경합니다. 세상의 모든 선생님들 은혜에 하늘만큼 감사드립니다.

화양연화

물위의 꽃처럼 흔들리며 떠내려가던 그 정처 없던 시간 속에서 기적처럼, 구원처럼 수필을 만났다. 그건 내 문학적 부활이기도 했다. 행촌수필문학은 그렇게 내게로 왔다. 아니, 행촌수필 문학 속으로 내가 걸어 들어갔다고 해야 할 것 같다. 피투성이 연인이 되어 내게 매달린 내 문학이 안쓰러웠던 시간을 다독이며 수필을 썼다. 수필을 쓰면서 유연해지고 베일 듯 위태롭던 날카로움이 마모되어 한쪽엔 푸근한 마음자리가 생겼다. 벌써 20년이다. 아쉽고 고마운 20년이다. 그 많은 세월이 되도록 뭔가 이뤘다는 생각이 들지 않는 건 내 문학적 성과가 미미한 탓일 것이다. 하지만 계속 글을 쓸 수 있다는 건 얼마나 축복인가. 행촌수필문학이란 동인이 있었기 때문일 것이다. 행촌수필이 창간됐을 무렵부터 함께했던 회원들과의 시간이 손에 잡힐 듯 선명했다. 파안대소와 순수한 문학적 열정으로 언제나 주변에 행복의 파편이 튀던 시절이기도 했다.

우리는 은행나무 마을에서 꽃다운 시절이었고, 달 같던 생기가 있었고, 얼음과 같던 총기가 있었다. 이 아름다운 삶의 나날들은 우리 인생의 화양연화가 아니었나 싶다. 글 한 편에 칭찬과 격려가 쏟아졌고 때론 혹독한 평이 오갔다. 그때마다 천국과 지옥을 본 듯 기쁘고 때론 괴로웠지만 아무도 그것을 멈추려 하지 않았다. 글감을 찾아 떠났던 문학 기행은 너무도 아련한 추억으로 남아있다. 신라 금관으로 비유된 맹씨 행단의 600년이 넘은 은행나무, 몽환의 나무로 묘사된 마곡사 은행나무, 아산 현충사의 모과나무, 그리고 갑사의 은행나무, 은행나무들.

지난가을 맹씨행단을 다녀왔다. 20년 만이라 설레는 맘을 안고 갔지만, 그곳엔 옛날이 없었다. 불편할 정도로 주변이 개발되어 도무지 옛날 추억을 찾기가 쉽지 않았다. 그래도 변치 않은 건 20년 세월에도 불구하고 그 옛날 모습 그대로인 은행나무뿐인 것 같았다. 변하지 않으면 살 수 없는 세상이긴 하지만 어떤 부대낌에도 우리 행촌수필 회원들의 초심만은 변치 않길 간절히 빌었다.

푸른 날만 있을 듯 건강하시던 동인들이 하나둘 세상을 떠나시고, 연로하신 동인들은 건강상의 이유로 모습이 보이지 않는다. 예전에 실렸던 글을 읽어보고 회원들과 추억을 꺼내보지만 요원해서일까, 그립고 아쉬운 정이 너무 절실하다. 작년엔 행촌수필의 대들보였던 김학 교수님이 갑자기 세상을 떠나셨다. 지난 20년 동안 회원들을 열정적으로 이끌어 주시고 칭찬하고 격려하시며 질긴 매듭이 되어 인연을 이어가시던 고 김학 선생을 보내고 제일 마음 아팠던 사람들도 행촌수필 회원이었을 것이다. 이제 우리 회원들은 고 김학 선생의 유지를 받들어 행촌의 근사한 이름처럼 은행나무의 생명력처럼 행촌수필문학회를 이끌어 가야 할 것이다.

2억 7천 년 전 화석으로 발견된 은행나무는 노거수의 대표 나무로 현재를 살아가고 있는 나무다. 그 나무로 이름 지어져 불리는 행촌수필문학회는 어떻게 해도 자랑스러운 문학회다. 이제 창간 20년을 맞이해서 은행잎보다 더 많은 회원을 유지하여 수령이 천년이 넘은 용문사 은행나무처럼 장수하길 바란다. 회원들의 문운이 창대하길 빌며 행촌수필문학회의 20주년을 진심으로 축하한다.

■ 해설

사라지지 않는 위안의 힘

– 최화경의 《그날, 슬프지 않았다》를 중심으로

김영/시인, 전북문학관장

1. 밤을 새우다

수년 전 최화경 수필가와 전화 통화를 하다가 새벽을 맞았다. 아마 필자가 걸었던 것으로 기억된다. 필자는 첫사랑 이후에 누구와 밤을 새워가면서 통화를 한 기억은 전혀 없다. 더군

다나 일정한 거리를 유지하고 활동하는 문단에 발을 들여놓은 뒤로는 그런 일은 상상 속에서조차도 없다. 필자에게 보내온 최화경 수필가의 《낮술 환영》을 읽고 나서 책을 보내주어 고맙다는 전화를 저녁 시간에 걸었다가 작품에 관한 이야기로 화제가 옮겨붙으면서 둘이 죽이 척 맞아버린 것이다.

그 무렵 필자는 전북의 수필작품을 읽느라 많은 시간을 할애하고 있었다. 수필에 관한 관심도 관심이거니와 몇 분의 작품을 제외하고는 전북에서 활동하는 수필가들의 작품을 진지하게 읽은 기억이 거의 없었다. 그러던 참에 최화경 수필가의 《낮술 환영》이 필자 손에 들어온 것이다. 내친김에 최 작가의 다른 책들을 구해 읽었다. 오래된 작품집들에서도 낡은 느낌이 전혀 들지 않았다.

최화경 수필가가 처음 출판기념회를 하던 즈음에 필자는 그 자리에 초대받지 못했다. 일면식도 없는 사이였다. 그런데도 그

때 이미 주변 문인들에게 최 작가의 작품에 대한 반응을 듣고 있었던 참이었다. 이야기가 무르익어 작품을 넘어 개인 신상까지 물어보는 지경이 되었다. 그날 새벽에 필자는 근사한 수필가 친구를 얻었다.

2. 최화경 수필가의 예술적 진폭과 통섭의 기술

특히 필자가 최화경 수필가의 작품을 좋아하는 이유는 그의 작품 안에는 수필작품에 당연히 녹아있어야 할 철학적 성찰은 물론이거니와 작품의 주제를 구현하기 위해 다양한 장르를 끌어오는 최 작가의 기법도 한몫했다. 작가가 한 편의 글을 밖으로 내보내기 위해서는 자기 경험을 토대로 한 사유와 성찰이 작품의 주제에 오롯하게 이바지해야 한다. 특히 수필은 작가의 경험을 서사적으로 구성하는 방법을 사용한다. 수필가는 좋은 경험을 자신 안에 가두어두지 않고 언어라는 매체를 활용해서 독자들에게 내보인다. 이 작업이 바로 수필 쓰기다.

최화경의 수필 쓰기는 경험을 드러내는 일에 상당히 조심스럽다. 자신의 삶에서 자연스레 생겨난 많은 경험을 잘 요리해서 예쁘게 차려낸다.

또한, 최 작가는 문학적 의도를 위해 다른 예술 장르를 과감하게 불러들여 그의 작품의 주제를 위해 종사하게 한다. 음악이나 미술 그리고 꽃 등 최 작가의 글쓰기에 불려 나와 주제격인 최 작가의 경험에 종사하는 부재료들은 세상 무엇이나 가능하다. 평소 최 작가의 예술적 진폭이 만만치 않다는 것을 쉽게 짐작할 수 있다. 최화경 수필가의 작품 한 구절을 살펴보자.

> 벨벳 언더그라운드가 부르는 〈페일 블루 아이즈〉란 노래를 들

어보면 탬버린이란 악기가 얼마나 매혹적인 소리를 내는지 느낄 수 있다. 내가 아는 탬버린은 노래방에서 흥이나 돋우는 시끄러운 악기라는 것 정도였다. 사실 노래 못하는 내가 가장 잘 흔드는 악기이기도 하다. '찰찰이'라는 또 다른 이름의 그 명랑한 악기가 그렇게 슬픈 음을 낼 수 있다는 게 참으로 놀라웠다. 미세한 떨림 같기도 한 금속성의 소리가 노래 전편에 끊임없이 들리는데, 그 소리를 듣고 있으면 이건 노래가 아니라 그냥 슬픔 덩어리다. 영화 〈접속〉에서 처음 이 노래를 들었을 때 난 오랫동안 이 탬버린 소리에서 헤어날 수 없었다.

– 〈그날, 슬프지 않았다〉에서

작품 한 편에 녹아있는 최 수필가의 예술적 진폭을 짐작하고도 남을 만한 문장이다. 작가는 〈그날, 슬프지 않았다〉라는 작품 첫머리에서부터 벨벳 언더그라운드가 부르는 〈페일 블루 아이즈〉라는 음악에 대해 언급한다. 성급한 독자는 음악 이야기라고 짐작할 만하다. 그러나 최 작가는 음악보다는 음악에 종사하는 탬버린 소리를 이야기한다. 탬버린에 관한 이야기일 거라고 짐작하려 할 즈음 최 작가는 탬버린이 품고 있는 슬픔에 관해 이야기한다.

이 작품을 읽는 독자는 슬픈 탬버린 소리를 영랑생가에서 듣게 된다. "잎도 꽃도 다 저버려 겨울나무처럼 헐벗은 모란도 슬"프고 "지금의 꼭 내 나이에 그가 세상을 떠났다는 사실도 슬"프다. 최화경 수필가가 이끄는 대로 따라가다 보면 최 수필가는 우리를 다산 초당으로 데리고 가서 〈페일 블루 아이즈〉의 슬픈 탬버린 소리를 들려준다. 최 수필가의 글대로 "다산 초당으로 가는 숲속 어딘가에서 또다시 그 탬버린 소리가 들려왔다. 92개 돌계단을 오르면서 다산의 외로움과 쓸쓸함이 느껴져 힘이란 힘이 모두 빠졌다." 처럼 다산의 삶을 더듬어 보다가 최 작가는 다시 템버린 소리를 듣는다. 〈그날, 슬프지 않았다〉 작품의 끝머리에서는 〈페일 블루 아이즈〉 대신 〈하피첩 송〉이 등장하며 최 작가의 예술적 진폭을 다시 짚어보게 한다.

최화경 작가의 작품을 읽어가며 영랑생가와 다산 초당의 전남 여행을 마친 독자는 오랫동안 귓전에서 맴돌고 있는 탬버린의 슬픈 소리를 듣게 된다. '찰찰찰' 하는 소리를 계속 듣다 보면 묘하게도 어떤 위로 같은 힘이 생기게 된다.

일찍이 유한근 문학평론가가 최화경 수필가의 두 번째 작품집 《달을 마시다》의 작품 해설에서 "최화경 작가는 색채 이미지를 통해 자신의 내면 풍경을 감성적으로 표현한다. 시적인 표현 구조를 과감히 차용함으로 해서 (중략) 여타의 기존 작가의 표현 방식과는 변별성을 가지고 있는 점도 그의 수필 세계의 특징이다."라고 언급한 부분과는 좀 달라진 점이다. 유한근 평론가가 최 작가 작품의 시적 구조와 표현 방식에 눈길을 주었다면 이번 작품집 《그날, 슬프지 않았다》에서는 최 작가의 예술적 진폭과 이들의 통섭을 짚어내는 일에 좀 더 관심을 기울였다.

최화경 수필가의 남다른 예술적 진폭을 인정하는 독자는 세상의 모든 것들을 그의 작품 안에 불러다 놓고 하나의 주제로 꿰어내는 통섭의 기술도 남다르다는 것을 저절로 인정하게 된다.

가수 자이언티의 〈양화대교〉란 노래가 있다. 어린 날의 추억과 어른이 된 지금의 대견함에 대한 벅찬 모습이랄까. 그런 감정을 표현한 가사가 너무 따뜻해서 좋아하는 노래다. 나른한 목소리가 자꾸만 행복하자고 속삭인다. 아프지 말자고 속삭인다. 노래를 반복해 듣다 보면 최면처럼 정말 아프지 않을 것 같다.

– 중략 –

2월에 〈툴루즈 로트렉전〉이 예술의전당에서 있었다. 전시 기간이 5월 초까지라 느긋해 있다가 코로나19가 터졌다. 전시관 휴관으로 관람을 못 할까 봐 노심초사했는데 코로나가 잠시 주춤해진 4월 말에 다행히 다시 개관했다. 명화 전시회가 있으면 진품을 관람할 유일한 기회라 거의 놓치지 않는 편이다. 툴루즈 로트렉은 워낙 관심 있던 화가였기에 기대가 컸었는데, 보고 싶던 그림이 거의 오지 않아 몹시 실망스러웠다. 그래도 코로나19 와중에 유일하게 즐길 수 있었던 문화생활이어서 숨통이 트이는 듯해 기쁘게 관람했다. 몇 달째 영화관 한번 못 가던 중이라 사회적 거리 두기니 마음만 가까이하기니 뭐니 해도 사람과 섞여 뭔가 느끼고 즐기는 것에 목말라 있었던 것도 사실이었다.

– 중략 –

국립중앙박물관에서 조선 후기 화가 이인문의 〈강산무진도〉 전시회 소식이 있었다. 총 길이 8.5m에 달하는 긴 두루마리 그림이다. 2006년 김훈의 소설 〈강산무진〉이 출간됐을 때부터 보고 싶던 그림이었는데 무려 15년 만에 보게 됐다. 과연 그 그림엔 김훈이 묘사한 것처럼 눈으로 본 강산과 꿈에 본 강산, 꿈에도 보지 못한 강산들이 포개지고 잇닿으면서 출렁거리고 있을까.

– 〈양화대교〉에서

최화경 수필가가 작품 한 편을 완성 하는데 얼마나 많은 예술 장르들이 등장하는가를 가장 명확하게 보여주는 작품이다. 2000년대의 대중가요와 1800년대를 풍미했던 화가, 그리고 조선 후기의 궁중 화가였던 이인문의 그림까지 넘나들다가 2006년 김훈의 소설 〈강산무진〉까지 파문이 번져 나간다. 작품 한 편에 담아내는 세월의 진폭도 대단하거니와 장르를 넘나드는 예술적 보폭도 대단하다. 또한 수백 년의 시대를 자유자재로 넘나드는 통섭의 기술도 정말 대단하다고 말할 수 있다.

3. 최화경 수필가의 작품에서 엿보는 깊은 성찰과 구상력

작품 속의 최 수필가는 여러 장르에서 예술적인 섭렵은 물론이거니와 자신에 대한 성찰과 이를 토대로 작품으로 엮어내는 구상력도 만만치 않다. 최 수필가의 작품 하나를 읽어 보자.

> 때때로 난 나를 말할 때 어중간한 나이와 젊음을 달리 표현할 말이 없어 반 시든 꽃이라 말한다. 완전히 시든 꽃은 되기 싫은 까닭이다. 반 시든 꽃은 물을 뿌려 주거나 햇빛을 피해 서늘한 곳에 두면 다시 생기를 되찾는다. 비참한 모습으로 폐기되는 시든 꽃과는 달리 기적까지는 아니라도 경이로운 반전이 있어 설렌다. 꽃이 시든다는 건 시간의 현상일 뿐 꽃의 본질이 아주 변하는 게 아니라고 생각하면 그렇게 탄식할 일도 아니다. 순환의 섭리 같은 거라고 이해하면 크게 애달플 일도 아니지 싶다. 시들지 않는 꽃

은 이미 꽃이 아닐 터. 피고 지고, 다시 돌아오는 게 꽃의 순리 아니겠는가.

– 〈시든 꽃〉에서

귀가 따갑도록 들었겠지만, 수필가의 작품이 신변잡기에서 나와서 차원을 바꾸려면 작품 안에 불러 놓은 소재나 자기의 경험에 대한 깊은 성찰이 아니고는 새로운 의미를 찾아낼 수 없다. 여기서 성찰이라는 것은 소재 하나에 대한 깊이 있는 관찰과 탐구도 의미하겠지만, 더 나아가서는 비슷하거나 전혀 다른 소재를 끌어다 작가가 전달하고 싶은 수필의 주제 내지는 감동을 잘 표현하는 방법을 말한다.

최화경 수필가는 조카 결혼식에서 가져온 꽃이 시들어 가는 것을 보며 '반 시든 꽃'에 관해 서술한다. 꽃에서 한 걸음 더 나아가 중년에 대해, 인생에 대해, 새로운 의미를 부여하고 있다. 이미 시들어가고 있는 꽃에서 변하지 않는 사물의 본질을 보고 순환의 섭리를 깨닫고 경이로운 반전도 기대하는 것이다. 이처럼 최화경 수필가는 소재가 되는 사물을 애정이 어린 눈으로 관찰하고 숨어있는 의미를 찾아내어 독자에게 전달하는 일에 진심인 편이다.

크리스털 꽃병은 노란 프리지어를 가득 담고 언제 갇혀 있었냐는 듯 다시 찬란했다. 꽃병의 잘록한 허리가 너무도 유연해서 잠시 가여워했던 게 민망하기까지 했다. 꽃병에 꽃이 꽂혀 있었을 땐 즐거움과 기쁨이 꽃병에 다 담겨 있는 듯 충만했었다. 꽃병이 비어 있거나 시든 꽃이 꽂혀 있을 땐 쓸쓸하고 우울해서 항상 불행하다고 느꼈다. 그러나 꽃이 있어 반드시 행복했던 것도 아니었던 것 같고 꽃병을 그릇장에 넣어 놨다고 불행한 것도 아닌 걸 보면 모든 게 마음먹기에 달린 것 같다. 꼭 꽃병의 꽃이 아니라도 우리가 꽃으로 피어난다면 아니, 내가 꽃이 되어 산다면 훨씬 희망적일 것 같다. 시든 꽃 바라볼 일도 없고 빈 꽃병에 가슴 아플 일도 없을 테니 삶이 한결 단순해지지 않을까. 생각해 보면, 단순해진다는 건 다 내려놓는 것, 혹은 야단스럽지 않다는 것, 때때로 허영에 빠지지 않는 일인지도 모른다. 내가 꽃병의 꽃에 그토록 집착했던 건, 어쩌면 꽃이 있는 삶에 대한 허영이 아니었나 싶다. 결핍이 많은 생활을 꽃이 보상해 줄 거라는 가엾은 생각 같은 것 말이다.

– 〈꽃병〉에서

최화경 수필가는 작품의 소재에 대한 깊은 성찰과 거기에서 얻은 결과를 매끄럽게 연결하여 전달하는 일에 매우 성공한 작가다. 위의 작품은 최 작가가 결혼 선물로 받은 30년 넘은 크리스털 꽃병에 관한 이야기다. 꽃병은 결혼 초에는 비교적 본

연의 역할을 하는 편이었지만, 식구들이 생활에 쫓기는 시간이 많아지면서 그릇장 구석에 넣어지게 된다. 그러다가 어느 날 프리지어 한 단을 사 들고 들어와 꽃병은 본래 역할을 찾는다, "그러나 꽃이 있어 반드시 행복했던 것도 아니었던 것 같고 꽃병을 그릇장에 넣어 놨다고 불행한 것도 아닌 걸 보면 모든 게 마음먹기에 달린 것 같다. 꼭 꽃병의 꽃이 아니라도 우리가 꽃으로 피어난다면 아니, 내가 꽃이 되어 산다면 훨씬 희망적일 것 같다."라며 꽃병에 꽃을 꽂아두어야 한다는 일종의 압박감에서 작가는 벗어난다. 더 나아가서 스스로 꽃이 될 것을 주문하고 있다. 아니 우리가 모두 한 송이의 꽃으로 피어날 것을 넌지시 일깨워주고 있다.

좋은 수필은 소재의 특징과 의미를 분석해내는 통찰력과 분석한 자료를 어떤 서사로 엮어 어떤 감동을 독자에게 전달할지 요리해내는 구성력이 무엇보다도 중요하다. 통찰력과 분석력

이외에도 서사적 특징이 강한 힘을 가진 수필 문학의 특징은 시보다는 좀더 대중문학 쪽에 가깝다고 보아도 무방하다. 수필을 대중문학의 범주에 놓고 본다고 하더라도 최화경의 수필은 대중문학의 특징인 '가볍게 읽을거리'와는 거리가 있다. 최 수필가는 〈시든 꽃〉이나 〈꽃병〉에서처럼 일상에서 소재를 다양하게 가져다 글을 쓰지만, 작품 안에 들어있는 철학적 사유와 문학적 감성은 본격문학으로서의 당당한 위의威儀가 있다. 이런 위의는 최화경 수필가가 세상의 모든 사물과 잡다한 경험, 그리고 이질적인 재료들을 수필의 소재로 사용하면서 서로 하나로 섞이고 녹아들도록 정성 들여 버무리고 발효시켰기 때문이다.

4. 세상의 온도와 맞잡아 건너기

시인이든 수필가든 소설가든 작품을 쓰는 문인이라면 사람의 어려움과 세상의 그늘진 곳에 대해 반드시 관심을 가져야 한다. 이는 글을 쓰는 사람의 숙명이고 의무다. 최화경 수필가도 예외는 아니어서 이번 수필집 《그날, 슬프지 않았다》에 실린 그의 작품 곳곳에서 사회의 결핍을 걱정한다. 사람들 사이의 냉랭한 관계를 걱정하고 자기중심적인 경향을 염려하는 작품을 아래의 예문에서 보듯이 여러 편 볼 수 있다.

> 코로나 19는 많은 걸 무너지고 사라지게 했지만, 또 다른 세계를 발견할 수 있게 했다. 이제 안타깝게 이놈의 코로나, 이놈의 마스크, 언제 끝나려나 분노하고 원망만 하지 말자. 나갈 수 없다면 부서진 그 속으로 들어가 보자. 사라진, 무너진 것들을 통해

새로운 세상을 볼 수 있다면 편견과 오해로 일그러져 있던 세상의 일들이 한순간에 달라질 수도 있지 않을까.

– 〈사라진, 무너진〉에서

위 작품은 코로나19라는 바이러스 때문에 무참히 무너지고 사라진 우리들이 일상을 걱정하는 내용이다. 바이러스에 시달리고 마스크 때문에 불편해도 "언제 끝나려나 분노하고 원망만 하지말"고 부서진 일상 속으로 들어가 보자고 한다. "사라진, 무너진 것들을 통해 새로운 세상을 볼 수 있다면 편견과 오해로 일그러져 있던 세상의 일들이 한순간에 달라질 수도 있지 않을까."라며 '코로나19'라는 바이러스를 넘어서 인간관계의 회복을 이야기한다. 세상을 걱정스러운 눈으로 바라보며 대안을 제시하는 글은 최 수필가의 작품에서 여럿 찾아볼 수 있다. 다음의 작품을 보자.

온천지가 가을의 한복판에 있다. 이 풍요롭고 다채로운 계절에 복되고 희망찬 얘기만 해도 아쉬울 판에 악마에게 휘둘리고 있다고 생각하니 분하다. 날씨는 점점 추워지고 바람은 삭막해지는 겨울이 다가오고 있다. 어려운 사람들은 추위와 외로움을 더 느끼게 되는 고통스러운 계절이기도 하다. (중략) 이럴 때일수록 악마를 무시하고 천사를 알아보는 밝고 따뜻한 눈이 많아졌으면 좋겠다. 손을 잡으면 따뜻함이 느껴지고, 잘 알지 못하는 사람과도 친구가 될 수 있다. 그런 만남이 많아질수록 우리가 사는 세상의 온도는 더욱 올라가 한층 따뜻해질 것이다.

– 〈세상의 온도〉에서

위의 작품은 일명 '어금니아빠'라고 불린 이영학 사건의 뉴스를 접하고 쓴 글이다. 이영학은 세상의 모든 아빠가 가진 부성애는 찾아볼 수 없고, 딸과 딸의 친구를 상대로 정말 인간 이하의 짓을 한 사람이다.

최 작가는 TV에서 그 사람의 얼굴을 보는 것이 괴롭다. 왜냐면 이영학이 언론을 이용하여 후원금을 받아 벌인 짓이 천인공노할 사건이기 때문이다. 최화경 수필가는 신문을 보다가 굶주린 아이의 사진을 보고 후원 단체를 수소문하여 에티오피아의 '아미나 페딜루'라는 아이와 일대일 결연을 한다. 최 작가는 이 외에도 몇 군데 더 후원하고 있다. 그러면서도 후원하는 금액이 너무 적은 것을 부끄러워한다.

그런 최 작가가 자신처럼 적은 돈이지만 정성껏 후원한 사람들의 마음을 무참히 짓밟은 이영학에 대해 분노하는 작품이다. 아니 이영학 같은 악마에게 휘둘리는 계절을 안타까워하며 "이럴 때일수록 악마를 무시하고 천사를 알아보는 밝고 따뜻한 눈이 많아졌으면 좋겠다."라는 바람을 이야기한다. 해서 글의 제목처럼 "세상의 온도는 더욱 올라가 한층 따뜻해지"리라고 말한다. 삶의 질곡을 보살피고 더 나은 삶의 환경을 제시하는 글은 또 있다.

그 영광을 시샘이나 한 듯 십일월 중순에 오른쪽 손가락뼈가 부러지는 부상을 당했다. 끝마디를 다치는 바람에 수술도 할 수 없고 그냥 뼈가 자연스럽게 붙기를 바라는 상태다. 일 년 이상 지나야 정상적으로 돌아온다고 한다. 굉장히 조심스럽고 힘이 든다. 사람들은 좋은 일이 있으려면 항상 액운이 따르기 마련이라며 액땜했다고 생각하라고 말한다. 왼손으로 머리를 감고 화장을 지우고 눈썹을 그릴 수 있다는 게 경이롭기까지 했다. 왼손의 어눌함이란 겪어보지 않은 사람은 모를 것이다. 왼손이 하는 일은 더디고 하염없었다. 왼손이 부자연스러우니 나도 모르게 오른쪽 엄지, 검지를 사용해서 왼손을 맞잡아 거들었다. 다섯 손가락을 다 써서 해야 할 일들을 두 손가락만 사용하니 힘들고 버거워서 팔 전체가 당기며 아팠다. 저릿하고 쑤시는 통증이 만만치가 않았다. 혼자는 얼마나 힘들고 외로운가. 서로 맞잡고 해야 할 일들을 왼손에게만 맡기니 삐뚤빼뚤, 울퉁불퉁, 젓가락질은 엄두도 못 내고 포크로 꼭꼭 찍어 먹는 모양새가 부끄러웠다. 손가락 하나 부상에도 이렇게 조화롭지 못하니 어느 조직이나 단체의 불균형은 치명적일 수밖에 없을 것 같다. 어려울수록 서로 맞잡고 격려하고 도와야만 제대로 이어갈 수 있다는 건 변할 수 없는 진리인 것 같다.

– 〈맞잡아야 아름답다〉에서

최화경 수필가는 2017년을 아주 잘 보낸다. 사고로 무릎 부상을 했으나 회복은 순조로웠다. 세 번째 수필집 《낮술 환영》은 따뜻한 마음과 쓴소리가 적절하게 버무려 있고, 톡 쏘는 맛도 있어서 좋은 수필집으로 인정받았다. 지역의 일간지에 오피니언으로 활동도 하였다. 그러나 연말이 다 되어서 오른손 가

운뎃손가락뼈가 부러진 것이다. 당장 부러진 뼈마디의 통증도 힘들지만, 일상생활에서 오른손을 제대로 쓰지 못하는 불편함은 통증보다 더 힘들다.

이어진 글에서는 손가락 하나의 불편함을 사회나 단체의 조직이 어느 한쪽이 제구실을 못 하는 불균형으로 사고를 확장한다. 결국은 "어려울수록 서로 맞잡고 격려하고 도와야만 제대로 이어 갈 수 있다는 건 변할 수 없는 진리"라고 작가는 말하고 있다. 이런 사고는 "어느 것이 반드시 옳다는 생각은 그래서 위험한 것 같다."라는 말로 더 깊게 승화되면서 나를 주장하고 타자를 인정하지 않는 세상에 대해 점잖게 충고하고 있다. 이런 작품은 최 작가의 이번 작품집에서 여러 편 찾아볼 수 있다. 하나만 더 읽어보자.

내가 손수건을 꼭 가지고 다니는 건 구원의 물건쯤 되기 때문이다. 손수건은 위기의 순간을 잘 넘기게 한다. 뭔가를 쏟았을 때 황급히 닦을 수 있고, 노출의 곤란함이 있을 땐 민망함을 덮을 수 있어 요긴하다. 별안간 쏟아지는 눈물이나 콧물을 닦고 재채기의 순간을 막을 수 있는 요술 같은 존재다. 모든 갑작스러움에 손수건을 들고 있으면 든든하고 타당성 있어 보이고 민망하지 않으니 말이다. 손수건은 가볍고 작은 존재이지만 항상 커다란 역할을 해내는 듯하다. 살면서 누군가에게 손수건같이 요긴하고 고마운 존재가 되어 본 적이 있었던가. 다급한 사람의 상처를 싸매주고 어려움에 처한 사람의 위급한 상황을 알리기 위해 간절하게 손수건을 흔들어 본 적이 있는가. 항상 나의 안전에 안도하고 남의 고통에 무심했던 나의 이기심이 손수건 앞에서 부끄러웠다면 너무 과장된 표현일까?

— 〈손수건〉에서

최화경 수필가의 가방은 언제나 큼지막하다. 되도록 손에 핸드백을 잘 안 들고 다니거나, 든다고 해도 아주 작은 것을 들고 다니는 필자는 최화경 수필가의 가방 안이 문득 궁금해졌다. 그래서 기어코 물어봐 버린 적이 있다.

최 작가는 자가용을 끌고 다니지 않는다. 그래서 대중교통을 이용한다. '뚜벅이' 족의 가방은 클 수밖에 없는데 자신은 유달리 큰 가방을 좋아한다면서 가방 안의 것들을 보여준 적이 있다. 작가 스스로 밝혔듯이 "파우치, 마스크, 약봉지, 수첩, 지갑, 장바구니, 선글라스, 손수건, 여행용 티슈 그리고 물티슈까지" 거의 만물상 수준이다. 물론 그 안에는 접힌 채 구겨져 있는 손수건도 들어있다.

최 수필가는 〈인턴〉이라는 영화에서 남자주인공의 손수건을 상기해낸다. 영화에서도 젊은 직원들은 손수건을 거의 사용하지 않는다. 노년의 인턴 직원이 울고 있는 젊은 직원에게 "정갈하게 접은" 손수건을 내미는 장면은 그래서 인상적이다.

손수건의 용도는 이제 거의 용도 폐기될 지경에 놓여있다. 무언가를 닦아내거나 훔쳐내는 데 쓰는 티슈라고 부르는 종이 휴지 외에도 사용 목적에 딱 맞추어 개발해 놓은 물티슈까지 매우 다양하다. 그러나 최 수필가는 손수건을 가지고 다니고 싶다. "손수건은 빌려주기 위해서 가지고 다니는 거야."라는 영화 속의 대사를 상기하며 이타적인 삶에 관해 이야기한다. 자신의 안위에 전전긍긍하고 남이 고통에 대해 무심하지 않았는지 반성한다. "살면서 누군가에게 손수건같이 요긴하고 고마운 존재가 되어 본 적이 있었던가. 다급한 사람의 상처를 싸매주고 어려움에 처한 사람의 위급한 상황을 알리기 위해 간절하게 손수건을 흔들어 본 적 있는가."라는 최 수필가의 성찰은 그래서 아름답고 긴 여운으로 남는다. 이 글을 읽는 독자는 모두 가슴에 손을 얹고 자신을 들여다볼 것이다. 이것이 작가들이 작품으로 이루어보고자 하는 목표다. 최화경 수필가의 작품이 도달한 아름다운 파장이다.

5. 다시, 밤을 새우다

필자는 이번 최 수필가의 작품집을 감상하면서 다시 밤을 새웠다. 물리적인 시간이 부족하기도 했고, 필자가 좋아했던 최 수필가의 작품을 먼저 독차지하고 볼 수 있다는 약간의 치기이기도 했다. 그러나 그보다 더 솔직한 이유는 작품마다 들어있는 최 수필가의 예술적 진폭을 따라 다시 공부하느라 밤을 새웠다. 덕분에 다시 본 영화도 있고, 새롭게 찾아서 들은 음악도 있다. 새로운 지식도 얻었고, 새로운 감동도 받았다. 또 이미 읽고 치워두었던 최화경 수필가의 작품집들도 다시 훑어 읽었다. 이런 과정을 거치면서 무엇보다도 최 작가의 사고가 넓어지고 깊어지는 과정을 따라가는 것이 즐거웠다. 필자의 사고도 최 수필가를 따라 조금 더 넓어지고 깊어졌다.

김학 수필가는 최화경 작품집 《음악 없이 춤추기》에서 "최화경 수필에는 재미가 있다. 신성한 소재와 산뜻한 표현으로 쓰이기에 재미가 있다. 평소 일상생활에서 유머러스한 표현을 즐겨 사용하듯 그녀의 수필에도 그런 유머가 은근히 스며들어 있기 마련이다. 그러기에 독자는 호감을 갖는다."라고 했다.

최화경 수필은 재미가 있다. 번뜩이는 예지나 위트의 힘을 빌린 재미가 아니다. 언어를 독특하게 사용하거나 일상을 비틀고 조여서 보는 재미도 아니다.

최화경 수필가의 작품이 독자에게 사랑받는 이유는 크게 두 가지로 나눌 수 있다. 첫째는 문학적 예민함이다. 그것은 최 수필가가 평범한 우리의 일상에 가치를 담고 감동을 입혀 전하는 진지함이다. 최화경의 수필이 독자에게 위안을 주는 이유도 여기에 있다. 전혀 특별하지 않은 것들이 특별한 의미들로 환치된다.

둘째는 문학적 영민함이다. 이는 최 작가의 특장이랄 수 있는 통섭의 기술과 잇닿아 있다. 작품마다 예술 장르를 넘나드는 진폭과 그 진폭에서 오는 파장을 잘 갈무리하여 독자에게 전달한다. 이런 이유들 때문에 최화경의 수필작품에는 사라지지 않는 위안의 힘이 있다.

최화경 수필집

그날, 슬프지 않았다

인쇄 2022년 10월 17일
발행 2022년 10월 20일

지은이 최화경
발행인 서정환
펴낸곳 수필과비평사
주소 서울시 종로구 삼일대로 32길 36(익선동 30-6 운현신화타워 빌딩) 305호
전화 (02) 3675-3885 (063) 275-4000 · 0484
팩스 (063) 274-3131
이메일 essay321@hanmail.net
출판등록 제300-2013-133호
인쇄·제본 신아출판사

ISBN 979-11-5933-428-3 (03810)
값 13,000 원

Printed in KOREA

* 이 책은 전라북도문화관광재단 지역문화예술육성지원금을 지원받아 발간 되었습니다.